ALAN SEEGER

LE POÈTE
DE
LA LÉGION ÉTRANGÈRE

SES LETTRES ET POÈMES
ÉCRITS DURANT LA GUERRE

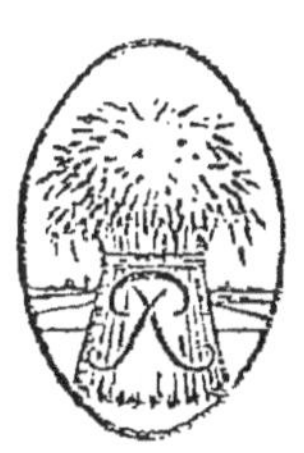

PAYOT & CIE, PARIS
106, BOULEVARD SAINT-GERMAIN

TROISIÈME MILLE

ALAN SEEGER

Le Poète de la Légion Étrangère

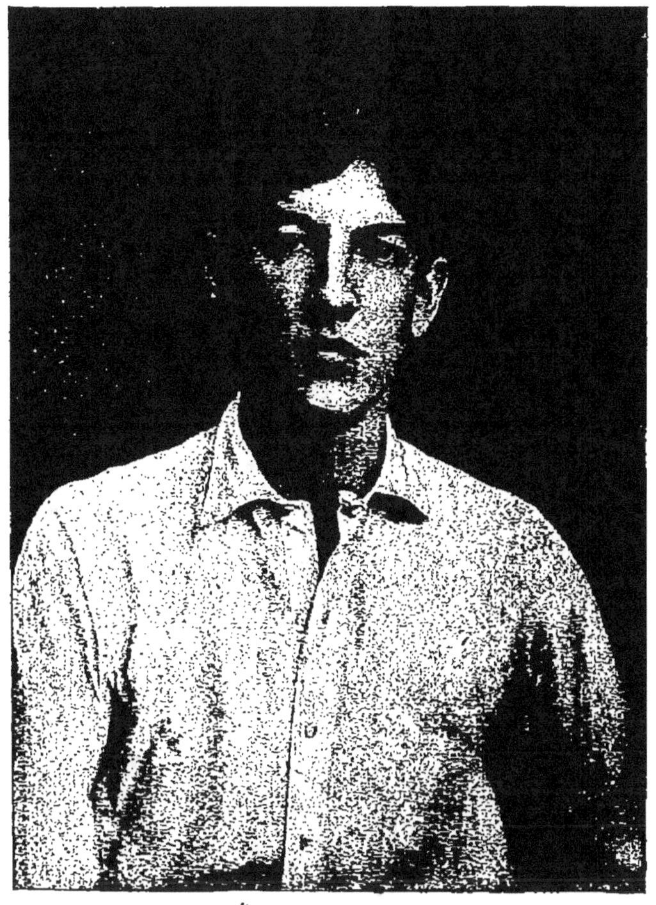

Alan Seeger

ALAN SEEGER
Le Poète de la Légion Étrangère

SES LETTRES ET POÈMES

ÉCRITS DURANT LA GUERRE
RÉUNIS PAR SON PÈRE ET TRADUITS PAR
ODETTE RAIMONDI-MATHERON

Jeune Légionnaire, enthousiaste et énergique, aimant passionnément la France. Engagé volontaire au début des hostilités, a fait preuve au cours de la campagne d'un entrain et d'un courage admirables. Glorieusement tombé le 4 juillet 1916.

(Citation à l'ordre du jour de la Division du Maroc, 25 décembre 1916.)

PAYOT & Cie, PARIS
106, BOULEVARD SAINT-GERMAIN, 106

1918
Tous droits réservés

A la mémoire de mon fiancé,

Henri MATHERON,

mort dans la Somme le 31 décembre 1915, qui aurait tant aimé l'Auteur et aurait traduit l'œuvre avec enthousiasme... et à son fidèle frère d'armes, Robert Fawtier.

O. R. M.

PRÉFACE

On a publié de nombreuses lettres du front écrites par des soldats français à leurs parents et amis, lettres qui témoignent de la noblesse, du patriotisme et de l'abnégation de ces braves qui ont donné leur vie pour la cause sacrée de la liberté et du droit. L'excuse, s'il en est besoin d'une, à la publication de ce volume que tant d'autres semblables ont précédé, est que ce poëte et soldat a combattu et a écrit pour la défense d'un pays qui n'était pas le sien, et cela, avec tout le dévouement et l'enthousiasme du Français le plus patriote. En outre, il s'affirme rapidement qu'Alan Seeger est destiné à être rangé parmi les grands écrivains en vers anglais, et, sans sa mort prématurée, il aurait sans doute produit une œuvre plus importante dans ses années de maturité.

Il ne suffit pas que ses poèmes et ses lettres, pleines de poésie aussi, soient lus par ses compatriotes au delà de l'Océan. L'esprit qui anime tous ses écrits et qui l'a conduit à s'engager dans la Légion Étrangère est si manifestement l'esprit français qu'il y aurait une réelle injustice à ne pas traduire ses pensées en langue française. Ainsi, le peuple dont il épousa la cause et dont il admira tant la bravoure pourra apprendre comment le jeune Américain, dont précédemment la vie avait été vouée aux fins les plus paisibles, en vint à se jeter dans la mêlée par pur amour de la France.

Les poésies choisies pour ce volume comprennent seulement celles qui ont été écrites pendant la guerre. La traduction a été faite aussi littéralement que possible dans le but de permettre de comprendre l'original, plutôt que d'essayer de transcrire l'anglais en vers français.

En cela, on a suivi l'avis d'une personnalité éminente, Jean Richepin, de l'Académie Française ; il écrivait à un ami qui lui avait soumis trois des poèmes de guerre pour avoir son opinion :

Les poèmes d'Alan Seeger sont fort beaux, de tout premier ordre. Ils sont même trop beaux pour souffrir une traduction en vers c'est ma conviction absolue et après plusieurs tentatives faites de tout mon cœur et avec tout ce que je puis avoir d'expérience, tentatives restées quand même absolument vaines. A mon avis, le texte anglais doit être publié sans autre traduction qu'un mot à mot aussi littéral que possible, servant de guide aux lecteurs français pour en goûter la saveur si génuine et en suivre tant bien que mal le vol lyrique.

Le poème « Champagne » a néanmoins été traduit en vers français par André Rivoire et avec un tel bonheur qu'il serait dommage de ne pas l'introduire dans ce volume, en supplément de la traduction en prose. En dépit de l'impossibilité manifeste de conserver la forme de l'original et malgré quelques variantes dans l'expression, M. Rivoire n'a pas seulement fait le poème sien, si l'on peut dire, mais il a fidèlement reproduit l'esprit du poème anglais et il a donné ainsi aux lecteurs français une des plus exquises et des plus belles pensées que la guerre ait fait éclore. C'est pourquoi on trouvera, à la fin de ce volume, le poème de M. Rivoire.

I

ALAN SEEGER

ÉTUDIANT, POÈTE ET LÉGIONNAIRE

(1888-1916)

ALAN SEEGER

ÉTUDIANT, POÈTE ET LÉGIONNAIRE

(1888-1916)

Le distingué critique anglais, M. William Archer, dans son introduction à l'édition complète des poèmes d'Alan Seeger, a écrit :

De tous les poètes qui sont morts jeunes, aucun n'a eu une si belle mort. Sans songer à établir vraiment un parallèle, on ne peut s'empêcher de penser au groupe de poètes anglais disparus à la fleur de l'âge, il y a une centaine d'années. Keats, exhalant son âme dans une quinte, près de l'Escalier de la Trinité du Mont — l'esprit de flamme de Shelley éteint par une rafale de vent venu des collines de Carrare — Byron piqué par une mauvaise mouche au début même de sa grande aventure — pour tous ceux-là nous ne pouvons ressentir qu'un regret poignant que rien ne peut atténuer. Alan Seeger, au contraire, nous pouvons vraiment l'envier. La jeunesse lui avait donné tout ce qu'elle peut donner et bien qu'il eût aimé vivre encore, quoique personne ne fût moins las du monde que lui, dans la plénitude de sa force triomphante, les

yeux brillants et le pouls vigoureux, il rencontra la
mort qu'il avait choisie volontairement, dans la cause
du pays qu'il aimait et dans un moment de victoire.
Mainte et mainte fois, en prose et en vers, il avait
dit que cela lui semblait une belle mort, et deux ans
d'endurance jamais démentie, de privations librement
consenties et de danger, avaient prouvé qu'il pensait
ce qu'il avait dit.

Je ne prétends pas, je le répète, le mesurer à Shelley, Byron ou Keats, quoique je pense qu'aucun d'eux
n'aurait dédaigné ses dons lyriques. Mais assurément
il est de leur lignée, non seulement à cause de sa
mort prématurée, mais aussi par son entière dévotion
de cœur à l'esprit romantique tel qu'ils l'ont entendu.
Depuis son enfance, son unique passion fut la beauté,
et ce fut sous la forme du roman qu'elle se révéla à
lui. Il fut d'abord résolu non seulement à écrire, mais
à vivre le roman, et quand la fatalité jeta sur son
chemin une occasion historique, il la saisit avec délices. Il savait qu'il jouait avec la Mort, mais c'était la
véritable essence de son idéal ; il savait que si elle le
terrassait, cet idéal serait atteint et sa mémoire couronnée, sauve pour toujours de la flétrissure du temps
ou de toute souillure accidentelle. S'il avait été donné
à Swinburne de tomber, fusil en main, sur les champs
de Mentana, nous aurions été appauvris de beaucoup
de vers splendides, mais enrichis par l'histoire d'une
vie héroïque. Et son sort aurait-il été moins enviable ?
Sûrement non, il l'eût été davantage. C'est cette pensée qui peut apporter une consolation à ceux qui
aimaient Alan Seeger et qui ont ressenti d'abord,
comme une cruauté absolue, la fin prématurée d'une
vie si ardente, si généreuse, si brave.

*
* *

Alan Seeger naquit à New-York le 22 juin 1888. Il passa ses premières années à Staten-Island, à l'embouchure du port de New-York. Il y demeura jusqu'à sa dixième année, grandissant entre un frère et une sœur, l'un un peu plus âgé, l'autre un peu plus jeune que lui. De la maison, sur les hauteurs de l'île de Staten, les enfants avaient tous les jours la vue d'un des paysages les plus romantiques du monde — l'entrée de l'Hémisphère Occidentale. Ils pouvaient voir les grands navires de toutes les nations franchissant la passe et traversant en file la glorieuse étendue de la baie de New-York, à laquelle le trafic local incessant des remorqueurs, des chalands et des énormes bacs à vapeur, donnait une animation toujours différente. Au premier plan était le phare de Robbins-Reef, au milieu la statue de la Liberté, à l'arrière-plan les arceaux géants du pont de Brooklyn et, en éventail, les constructions étagées de la basse ville de New-York — pas encore colossales comme aujourd'hui, mais déjà différentes de toute autre chose sous le soleil. Et le flux des bateaux marchands et des vaisseaux de ligne, entrant au port, rencontrait la longue suite de bateaux en sortant, qui emportaient l'imagination vers la mer, vers les îles des boucaniers, vers le séjour de tous les héros et de tous les aventuriers de l'histoire, dans le Vieux Monde. Les enfants ne voyaient pas ces scènes excitantes avec des yeux indifférents ; ils savaient les noms de tous les grands paquebots européens et de tous les vaisseaux de guerre qui entraient et sortaient ; les murs de leur *nursery* étaient couverts de leurs dessins de bateaux, assez imparfaits sans doute, mais montrant une observation exacte des détails tels que les cheminées, les mâts et les agrès. Ils étaient d'âge, avant leur départ de l'île de Staten, à comprendre quelque chose à la signification historique de ce qui les entourait.

En 1900, la famille partit pour le Mexique et Alan y passa une grande partie des années les plus impressionnables de sa jeunesse. M. Archer écrit :

Si New-York personnifie le pouvoir, Mexico représente à la perfection le pittoresque. Passer des Etats-Unis à Mexico, c'est être transporté d'un bond du Nouveau Monde dans l'Ancien. Partout où la ville n'a pas été récemment américanisée, sa beauté est celle d'une ruine somnolente, grillée par le soleil. Par beaucoup de côtés elle ressemble curieusement à sa contrée-mère — ou plutôt belle-mère — l'Espagne. Mais l'Espagne ne peut rien montrer qui égale la spacieuse magnificence de ses paysages et le pittoresque de ses physionomies et de ses costumes. Et puis ce fut le théâtre de la plus fascinante aventure de l'histoire, un exploit qui ferait honte à l'imagination des plus grands maîtres du roman. Il est vrai que la ville de Mexico actuelle ne contient que peu de traces (excepté dans son musée) du Tenochtitlan de Montézuma ; mais le grand amphithéâtre sur lequel elle est située est toujours merveilleusement impressionnant et les grands cônes d'argent du Popocatepetl et de l'Ixtaccihuatl la regardent toujours de leur altitude immaculée.

Quoique dans les tropiques, la grande altitude de la ville de Mexico (au-dessus de 2.300 mètres) rend son climat très agréable, et la vie y était vraiment délicieuse à cette époque, quand ce grand Mexicain, Porfirio Diaz, conduisait le peuple dans les sentiers de l'industrie et de la paix.

Alan, son frère et sa sœur, poursuivirent leur éducation avec un précepteur qu'ils aimaient et respectaient et qui aida à développer leur goût pour la poésie et la bonne littérature. Les enfants aimaient beaucoup accompagner leur père dans ses visites aux magasins de vieux livres et dépensaient librement leur argent de poche à l'achat d'anciens volumes piqués par les vers et reliés en vélin, provenant des bibliothèques des vieux couvents. Ils faisaient des articles et des vers pour une « Revue » écrite et lue seulement entre les quatre murs de leur propre maison. Ils appelaient cette production littéraire *Le Prophète*, en l'honneur d'une grande peinture qui ornait le salon et que la famille se plaisait à considérer comme le patron de la maison. La revue devait paraître mensuellement, mais elle avait toujours plusieurs mois de retard, ainsi que des publications de plus grande envergure. Alan était le rédacteur sportif, mais sa capacité littéraire se faisait jour déjà et il sortait de son département en apportant sa contribution de poésies et d'essais assez longs.

La vie au dehors et les sports n'étaient pas négligés à cause de cet amour des enfants pour la littérature et nombreuses étaient les excursions à cheval et à bicyclette dans les montagnes qui entourent le plateau d'une beauté merveilleuse. Ils firent souvent de plus longs voyages dans la « tierra caliente », au pays de la canne à sucre, du café et des palmiers.

Quand Alan eut 14 ans, il fut envoyé en classe aux Etats-Unis et, en 1906, il entra à l'Université d'Harvard où il passa les quatre années suivantes, retournant chaque été à Mexico, pour ses vacances. Il se plongeait de nouveau dans de vastes lectures variées, tant à la bibliothèque de l'université qu'à la magnifique bibliothèque publique de Boston. Il mena une vie studieuse et contemplative et se fit d'abord peu d'amis ; mais, vers le milieu à peu près de son séjour à Harvard, un changement marqué survint dans ses habitudes de pensée et d'action. Il abandonna sa vie solitaire ; il devint l'un des écrivains de *Harvard-Mensuel* auquel il donna de temps en temps des poèmes et il se mêla à la vie sociale de ses camarades. Il continua à conserver cependant une certaine réserve dans sa conduite, parlant seulement quand il avait quelque chose à dire et, même alors, se limitant à une stricte sincérité. Un de ses camarades d'études à Harvard, poète distingué, John Hall Wheelock, l'a décrit tel qu'il était à cette période de sa vie :

Seeger vous frappait à première vue. Le narrateur se souvient de leur première rencontre à une réunion plutôt bruyante de l'une des sociétés littéraires d'Harvard, où ils étaient tous deux étudiants à ce moment. Grand et élancé, le visage pâle mais plein d'énergie et étrangement immobile, comme un masque, ses cheveux noirs coupés droit, carrément au ras du front, le regard lointain, il demeura assis toute la soirée dans un silence absolu, daignant à peine répondre aux questions qui lui étaient posées directement. Tout d'abord, ceci pouvait être attribué à de l'affectation ou à de la timidité, mais une certaine candeur jointe à une entière possession de soi, éliminaient bientôt ces deux solutions. Questionné par un ami à la fin de la discussion sur sa conduite extraordinaire, il déclara avec le plus grand naturel que la conversation ne l'avait pas incité à parler et ajouta que, par nature, un entretien trivial ne l'avait jamais intéressé. Cet épisode caractérise l'homme et, si incroyable que cela puisse paraître, n'entraîne aucune suggestion de pédantisme ou de pose. On ne pouvait le faire parler, excepté quand son cœur tout entier était passionnément excité, et c'était toujours à propos des grandes questions de la vie ou de la pensée : l'amour, la mort, le sacrifice et l'héroïsme, monde romanesque de vastes pensées et d'exploits dans lequel il vivait isolé en lui-même, oublieux plutôt que dédaigneux de la routine journalière, avec ses nécessités mesquines. Quand il se mettait à parler, il avait une manière de faire partager l'enthousiasme de ses pensées, même quand ces pensées n'étaient pas particulièrement originales en elles-mêmes. Il fut toujours vivement intéressé par la vie et la littérature du moyen âge et fit une étude particulière des littératures romanesques de cette époque, devenant très fort en vieux français et en vieil italien, comme en vieil anglais. Et il n'était jamais las de répéter de sa voix monotone et profonde quelques-unes de ces glorieuses chansons anciennes dont l'éternel refrain est l'amour et la guerre.

Après avoir quitté Harvard en 1910, Alan passa deux années à New-York et, en 1912, il eut l'occasion d'aller à Paris. Il la saisit vivement, espérant trouver là un milieu plus sympathique à ses idées et surtout dans l'espoir de cette grande et vague aventure, débouché pour son énergie contenue et dont il était à peine conscient, qu'il sembla toujours attendre passivement et fatalement...

Je me rappelle notre dernière conversation. C'était pendant l'été, avant son départ pour la France en 1912 et par une nuit de lune d'août parfaitement claire ; je me souviens du fatalisme intime qu'il exposa alors, cruel mécontentement et désir d'un homme qui recherche aveuglément quelque chose de plus grand que lui, par quoi il puisse être libéré, révélé à lui-même ; à quoi il puisse consacrer et abandonner son âme tout entière. Je me souviens aussi de la soudaine révélation, nouvelle pour moi à ce moment, qu'il est des esprits pour lesquels l'effort journalier de la vie n'est pas suffisant, ni les exigences quotidiennes assez grandes et assez héroïques, pour leurs aspirations. A propos de la mort, je me rappelle aussi sa phrase hindoue favorite, répétée ce soir-là, et qui résume admirablement sa propre attitude : « Inshallah, la mort est une chose transitoire ! »

Le départ d'Alan Seeger pour Paris peut, avec raison, être appelé le tournant de son histoire. Ce fut avec l'esprit d'un romancier du xviiiᵉ siècle qu'il se plongea dans la vie de la capitale française. Il eut une chambre dans la rue du Sommerard, près du Musée de Cluny, et il se trouva tout à fait chez lui parmi les artistes et les étudiants du Quartier Latin, bien que variant de temps en temps la vie de Bohème par des incursions dans une société d'un type plus orthodoxe. Paris a eu beaucoup d'amants, mais peu plus dévoués qu'Alan Seeger. La vérité est, sans doute, que tout était embelli pour lui par la magie du romanesque. Paris n'appartenait pas au monde du travail, mais était comme Bagdad ou Samarcande, une cité des Mille et Une Nuits. Nous pouvons voir, par un passage tel que le suivant, comment son imagination transfigurait Paris :

Comme son ample beauté le fait semblable à une foire ! Ses fiers pavillons s'élèvent dans le flottement des drapeaux. Quels brillants bazars, quelles merveilleuses marchandises ! Dans les allées grouillantes, quel mélodieux tapage, quelle clameur, qui vous sollicite à chaque baraque ! Au grand marché de la terre où l'on vend de la joie, achète, pendant que ta bourse est encore gonflée des trésors de la jeunesse.

Dans cette fête il s'élança avec l'ardeur d'un voyageur venu d'une contrée lointaine et qui croit vivre dans un rêve. Son attitude est curieusement ingénue et parfaitement saine et droite. C'est dans le Paris de Murger qu'il vit, non dans celui de Baudelaire et du Second Empire. Il fit ses expériences légèrement, sans aucun signe de lutte de l'âme, ni de déchirantes tempêtes du cœur.

Durant ces deux années, il écrivit la plupart de ses poèmes d'avant-guerre. Ils sont l'œuvre d'un homme amoureux de sa jeunesse et reconnaissant jusqu'à l'enthousiasme du don de la vie. Beaucoup sont des réminiscences de sa vie aux tropiques, d'autres sont écrits en l'honneur de son Paris bien-aimé ; tous rendent hommage à la beauté de la nature et glorifient la vie et l'amour. Il avait à peine passé quelques mois à Paris qu'il atteignit une maîtrise de la langue française rarement obtenue par les étrangers après de longues années d'études. Peu de temps avant la déclaration de guerre, il avait commencé à écrire des articles pour le *Mercure de France*, les *Soirées de Paris* et d'autres revues et écrits périodiques. Il se fit beaucoup d'amis dans ce milieu et plusieurs figures distinguées, et même célèbres, du monde des arts et des lettres, furent étrangement attirées par le jeune et silencieux Américain, qui accepta cet accueil favorable avec son calme habituel et le considéra comme quelque chose de tout à fait attendu.

L'année fatale 1914 arriva. Pendant ce temps le nombre de ses poèmes était devenu assez considérable pour justifier leur publication. Il leur donna le modeste titre de *Juvenilia* et les emporta à Londres dans l'intention de trouver un éditeur ; mais il est probable qu'il ne fît pas des démarches très actives dans ce but. Ses journées se passèrent au British Museum et ses soirées au Café Royal, avec une réunion d'amis. Au milieu de juillet, son père vint en Angleterre et passa une semaine avec lui, en partie à Londres et en partie à Canterbury, où ils explorèrent ensemble la vieille ville et passèrent de longues heures dans la splendide cathédrale et ses dépendances. Ils parlèrent de son retour en Amérique, qui fut décidé pour l'automne suivant, et de beaucoup d'autres choses; mais il est assez étrange que la guerre, qui était en train de se préparer à ce moment même, n'eut aucune part dans leurs pensées. Une semaine à peine après qu'Alan eut pris congé de son père, il devint évident qu'une guerre européenne générale était inévitable. Il quitta l'Angleterre dans l'intention déjà arrêtée de s'engager comme soldat dans l'armée française. En chemin il s'arrêta à Bruges et y laissa le manuscrit de ses poésies à la garde d'un imprimeur, ne prévoyant pas à quels risques il les exposait ainsi. Ce fut seulement trois mois avant sa mort qu'il retrouva ce manuscrit avec l'aide de l'Ambassade Américaine.

Il n'y avait pas trois semaines qu'on était en guerre quand il s'engagea dans la Légion Etrangère, avec une cinquantaine de ses compatriotes. Pourquoi prit-il cette décision ? Principalement, sans doute, parce qu'il pensait que la guerre est une des suprêmes expériences de la vie devant laquelle, puisqu'elle s'offrait, il ne pouvait pas reculer sans déloyauté envers son idéal. Mais, à part cette propension générale à l'aventure, ce désir de vivre au milieu du danger, il fut poussé par un simple sentiment de loyauté pour le pays et la ville chers à son cœur, ainsi qu'il l'expliqua lui-même dans une lettre écrite des tranchées de l'Aisne à la *New Republic*, New-York, 22 mai 1915 :

J'ai causé ici avec un grand nombre de jeunes volontaires. Leur cas est peu connu, même par les Français, encore qu'intéressant et sympathique tout à la fois. Ce sont des étrangers qui n'étaient contraints à rien de formel par la déclaration de guerre. Mais ils avaient été peut-être sur la « butte » au printemps, ainsi que Julien et Louise, et ils avaient contemplé la myriade de lumières étincelantes de la superbe cité. Paris — mystique, maternel, personnifié, à qui ils étaient redevables des plus joyeux moments de leur vie — Paris était en péril ! N'avaient-ils pas une obligation morale, non moins contraignante que celle qui liait légalement leurs camarades, et ne devaient-ils pas mettre leurs poitrines entre Paris et ses destructeurs ? Sans renoncer à leur nationalité, ils l'avaient choisi déjà pour y résider, de préférence à toute autre ville du monde. Les agréments et les bonheurs dont ils avaient bénéficié ne leur assignaient-ils pas un devoir que le cœur et la conscience ne pouvaient renier ?

Pourquoi vous êtes-vous engagé ? Toujours la réponse était la même. Ce mémorable jour d'août arriva. Soudain les anciens lieux de délices furent désolés, les joyeux compagnons étaient partis. On ne pouvait pas penser à leur laisser le danger et accepter

seulement pour soi les plaisirs, à jouir des aimables
choses de la vie pour la défense desquelles ils étaient
peut-être en train de verser leur sang dans le Nord.
Quelque jour ils reviendraient avec honneur — pas
tous, mais certains. L'ancien ordre de choses serait
irrévocablement évanoui. Alors il y aurait une nouvelle camaraderie, faite des liens du danger couru en
commun, des souffrances supportées en commun, de la
gloire gagnée en commun. « Et où étiez-vous pendant
ce temps et qu'avez-vous fait ? » La seule question
serait un reproche, même sans intention. Comment
pourrait-on endurer cela ?

En face d'une semblable situation, un homme s'ha-
bitue facilement au rôle qu'il doit jouer et arrive à
comprendre que, dans un univers où la logique compte
pour si peu et le sentiment, l'impulsion du cœur pour
beaucoup, la guerre est inévitable et naturelle. Tout
à coup le monde se lève en armes. Toute l'humanité
prend parti. La même foi, qui l'a fait s'abandonner aux
impulsions de la vie normale et de l'amour, l'oblige
maintenant à se faire l'instrument par lequel une force
plus grande accomplira ses fins impénétrables, sous
l'empire de la terreur et de la répulsion. Et, avec non
moins la sensation d'être en harmonie avec cet univers,
où les masses sont en continuel conflit et où de nouvelles combinaisons sont engendrées par d'éternelles
collisions, il prend les armes et marche en avant, en
hâte.

L'histoire de la vie de soldat d'Alan Seeger est
écrite dans les pages suivantes et d'après ses propres
termes. La généreuse impulsion, qui lui fit prendre

les armes pour la France, s'est transformée en cette
qualité, plus noble encore, de fidélité à sa résolution,
malgré les heures odieuses et fatigantes d'un travail
pénible, inaccoutumé, et un entourage désagréable.
Dans les lettres, comme dans le journal, on ne trouve
aucune parole de plainte, d'hésitation ou de découragement. Les misères de la vie dans les tranchées,
la fatigue épuisante des longues marches, l'ennui de
l'inaction, sont relatés simplement et fidèlement mais
en même temps sont acceptés comme le lot inévitable du soldat et supportés avec patience, en attendant l'heure de la bataille après laquelle il languit.
Même dans l'engourdissement des tranchées, cet
amant de la beauté peut prendre plaisir aux rares
aperçus d'un horizon pittoresque, à travers les créneaux. De même quand son endurance est soumise
à la plus rude épreuve, jusqu'à la fin d'une marche
qui couche à terre plus d'un homme solide parmi
ses camarades, il ne manque pas de se rappeler la
verdure dorée par le soleil, ou les prairies bordant
la route poussiéreuse le long de laquelle il s'exténue,
avec un lourd fardeau, fatigué, presque au point de
se laisser tomber. Dans les veilles solitaires des
heures de sentinelle, les heures qui précèdent l'aurore, quand les plus braves sentent leur esprit et
leur courage au point le plus bas, il est capable de
trouver une consolation dans « une espèce de camaraderie avec les étoiles ».

Mais il ne parle pas seulement de l'effort et de
l'épreuve. Il y a de glorieux moments d'exaltation à

prendre part à la plus puissante lutte de l'histoire. Il y a le frisson de la *Marseillaise* et l'étrange et martiale musique des Tirailleurs Algériens. Il y a la joie d'être en contact avec d'autres hommes vaillants et forts. Il y a la fierté de surmonter la fatigue des plus pénibles travaux, qui surpasse la souffrance. Et malgré l'amour de la vie, qu'il eut jusqu'à la fin — inférieur seulement à sa conviction que la vie ne valait la peine d'être vécue que si elle était remplie par les émotions les plus fortes — on sait que le genre de mort d'Alan Seeger fut celui qu'il eût choisi lui-même. Cette mort a jeté une lumière plus brillante et plus claire sur ses paroles et sur ses actes et les a ennoblis à tel point que leur plus longue durée compensera les années qui furent retranchées de sa vie sur terre. Il y a une consolation aussi dans le souvenir de ce qu'il a écrit, quand la vue de la mort lui était devenue familière et quand il en vit le péril imminent :

La mort n'est rien de terrible après tout. Elle peut même signifier quelque chose de plus merveilleux que la vie. Il n'est pas possible qu'elle soit quelque chose de pire pour le bon soldat.

*
* *

Les manifestations de gratitude à la mémoire d'Alan Seeger n'ont pas manqué en ce pays qu'il a aimé et pour la défense duquel il a combattu et donné sa vie. Louis Forest, le premier, appela l'attention sur son sacrifice dans le *Matin* du 24 août 1916 quand il écrivit que « cet admirable volontaire Américain, par ses vers, a écrit un testament que Cyrano de Bergerac eût signé ». Pierre Mille, dans un éloquent article du *Temps* (4 novembre 1916), parla de la gratitude de la France « pour les nobles jeunes gens d'Amérique », lesquels il a nommés « les vrais représentants de l'esprit américain. Car une nation, au bout du compte, n'est pas dans ceux de ses citoyens qui font les lois, votent dans je ne sais quels comices, siègent dans des tribunaux, construisent d'ingénieuses machines, amassent des fortunes, qui n'ont d'autres limites qu'un immense et riche domaine ; on pourrait trouver dans l'histoire des peuples qui n'ont fait que cela et ils n'existent plus, ou du moins n'ont pas laissé de traces qui méritent qu'on s'y attarde. Pour les générations futures, une nation est représentée par son élite, par ceux de ses membres qui pensent, qui écrivent, qui cisèlent dans le marbre et le bronze ou jettent sur la toile l'expression de son génie, donnent à sa philosophie et à sa science une physionomie propre : et cette nation-là, aux Etats-Unis, lutte dans nos rangs et meurt dans nos rangs. Elle est avec nous, elle vaincra avec nous. Et nous sommes quarante millions d'hommes et de femmes en France qui ne l'oublieront pas. »

Le même écrivain distingué cite parmi d'autres « un nom que je voudrais voir gravé dans toutes les mémoires, celui d'Alan Seeger..., avant de succomber, il écrivit ces vers que tout le monde doit connaître. » Suit une traduction du poème « Champagne » dont il donne cette généreuse appréciation : « Depuis les jours de la vieille Grèce, nul peut-être n'eut de tels accents devant le destin des batailles. »

Gilbert Chinard, dans l'*Opinion*, appelle Alan Seeger le « jeune Chénier Américain », et un écrivain du *Figaro*, lui appliquant ses propres paroles, le nomme le « Camarade des Etoiles. »

Mais, peut-être, le plus grand honneur qu'il fut possible de rendre au jeune volontaire, c'est l'hommage rendu à sa mémoire, à la Comédie Française, le 21 janvier 1917, quand « Champagne » et « l'Ode à la Mémoire des Volontaires Américains tombés pour la France » furent récités par Mme Weber et M. Silvain. Un éloquent discours fut prononcé par M. René Besnard, Sous-Secrétaire d'Etat à la Guerre, en l'honneur des légionnaires et aviateurs américains qui ont combattu et sont morts pour la France. Après cette cérémonie, on distribua une brochure imprimée par les soins du gouvernement, contenant un court aperçu de la vie d'Alan et la traduction de trois de ses poèmes par MM. Rivoire et Nozière.

Dans son pays natal, et c'est bien naturel, ses poésies et sa mort héroïque ont été encore plus et mieux appréciés qu'en France. Nul poème écrit pendant la guerre n'a atteint la réputation, ni touché tant de cœurs que « J'ai un rendez-vous avec la Mort ». Dans les bureaux de recrutement, dans les écoles et dans les réunions publiques, son « Ode à la Mémoire des

Volontaires Américains » a été lue des centaines
de fois; et l'on peut dire que les poèmes et l'exemple
d'Alan Seeger ont leur part dans l'accroissement de
la sympathie américaine pour la France, qui a fini
par amener l'entrée des Etats-Unis dans la guerre
comme alliée de la généreuse nation qui les aida
jadis à obtenir leur indépendance.

C.-L. S.

Paris, octobre 1917.

II

LETTRES ET JOURNAL

(1914-1916)

LETTRES et JOURNAL

I

27 SEPTEMBRE. — 4 DÉCEMBRE 1914

Exercice à Toulouse. — Camp de Mailly. — Une preuve d'endurance. — Simulacre de bataille. — Canonnade distante. — Vestiges de la bataille récente. — Vertus. — En route pour le front.
— Hautvilliers. — Les vignobles de Champagne. — Verzy. —
Verzenay. — Une vue de Reims. — Une marche de cinquante-
cinq kilomètres. — Fismes. — Cuiry-les-Chaudardes. — Premiers jours dans les tranchées. — Les fusillades nocturnes. —
Campement dans les bois. — Hymne de guerre bulgare.

JOURNAL

Toulouse, dimanche 27 septembre 1914.

Le bosquet d'une petite auberge sur la grande
route qui s'étend à l'est de Toulouse. Superbe après-
midi ensoleillé. Paix. Bruissement des feuilles. Caquet-
tement des volailles dans les basses-cours voisines ;
son lointain des cloches d'églises, chaude lumière
du soleil du Midi baignant les vastes champs de blé
et les vignobles. Tout est prêt pour partir aujour-
d'hui. Nous devons nous en aller demain ou après-
demain pour une destination inconnue. Certains disent
Anvers, d'autres Châlons.

A sa Mère

2° Régiment Etranger,
Bataillon C, 1ᵉ Compagnie, 3° Section.

Toulouse, 28 septembre 1914.

Nous sommes toujours retenus ici quoique tout ait été préparé pour le départ et que tout le monde ait attendu le départ pour hier. Nous sommes entièrement équipés, jusqu'à nos trois jours de vivres et cent vingt cartouches. Les wagons sont tout chargés et les chevaux réquisitionnés. L'attente est fiévreuse parce que personne n'a aucune idée de l'endroit où nous devons être envoyés.

Nous avons été soumis, pendant le temps que nous avons passé ici, à un exercice intensif et nous sommes supposés connaître, en six semaines, ce que les recrues ordinaires, en temps de paix, mettent deux ans à apprendre. Nous nous levons à 5 heures et le travail cesse dans l'après-midi à 5 heures. Une journée de douze heures pour un sou ! J'espère gagner davantage dans l'avenir, mais je ne pense pas jamais travailler plus durement. L'heure matinale du lever est splendide parce qu'elle vous donne la chance de voir le plus beau moment de ces merveilleux jours d'automne dans le Midi.

Nous avançons dans la direction d'un ravissant terrain découvert, à l'extrémité des hauteurs, derrière les baraquements, nous dirigeant droit vers le soleil levant. De là le panorama, des trois côtés, que nous pouvons voir, est incomparablement beau : champs de blé jaunes, vignobles, terres labourées où l'on peut voir les travailleurs et leurs attelages s'agitant en silhouettes minuscules, peupliers, petits hameaux, clochers d'églises et, dans le lointain, plus au sud, la ligne bleue des Pyrénées, les hauts pics coiffés de neige. Cela vous fait aimer la vie ; tout ceci est paisible et si beau ! Mais, pour moi, la Nature ce ne sont pas des collines, un ciel bleu et des fleurs, mais l'Univers, la totalité des choses, la réalité dans ses manifestations les plus sensibles et, dans cet Univers, les querelles et la rudesse jouent un aussi grand rôle que l'amour et la tendresse et ne peuvent être évitées par celui dont la volonté est de régler sa vie d'accord avec les forces cosmiques en action autour de lui.

J'espère que vous jugez les choses comme moi et que vous pensez que j'ai bien fait, étant sans responsabilité et personne ne devant souffrir matériellement de ma décision de prendre, moi aussi, sur mes épaules, une partie du fardeau sous le poids duquel tant d'hommes sont accablés, plutôt que de me tenir lâchement à l'écart alors que l'opportunité m'était donnée d'entrer dans la lutte du côté que je pense être celui du bon droit...

Les lettres mettent si longtemps à venir d'Amérique maintenant que je ne m'attendais pas à avoir encore de vos nouvelles et, en fait, je n'ai rien eu de vous depuis que j'ai quitté Londres le mois dernier. Mais je devrais avoir bientôt une réponse à ma lettre de Rouen. J'espère que celle-ci vous trouvera dans l'état d'esprit qui doit être le vôtre, car je joue un rôle, dont, j'en suis convaincu, vous devez être fière.

JOURNAL

Camp de Mailly, dimanche 4 octobre.

Quitté Toulouse mercredi, à midi. Marché à travers les rues derrière nos clairons. Venus ici via Limoges, Bourges, Auxerre et Troyes. Superbe pays hier après-midi dans les environs de Saucerre. Nuits inconfortables.

Mailly fut probablement le point le plus avancé atteint par les Allemands avant que les succès français de la bataille de la Marne les eussent forcés de battre en retraite. Il y a de nombreux vestiges de la récente bataille. Quelques maisons dans le village sont endommagées, par des obus, quelques-unes, devant lesquelles nous avons passé hier matin dans le train, sont complètement démolies. Retranchements dans les champs.

Hier nous avons entendu le canon pour la première fois. Toute la journée le fracas intermittent de gros canons de siège vint de la direction de la frontière. La distance devait être de soixante à soixante-dix kilomètres. Cela rend l'entraînement intéressant.

La nuit dernière deux Allemands furent trouvés dans les bois près d'ici par une patrouille. L'un était mort de faim et l'autre n'en valait guère mieux. Il dit que la raison qui les empêcha de se rendre fut que leurs officiers leur avait dit qu'ils seraient fusillés. Il dit aussi qu'il y avait trente ou quarante hommes cachés dans le voisinage.

Nous sommes quatre bataillons ici : deux du premier régiment de la Légion et deux du second.

Dimanche, 11 octobre 1914.

Il y a eu d'admirables jours d'automne la semaine dernière. L'atmosphère a été tout à fait claire, révélant les plus distants horizons dans la campagne découverte, ondulée, peu cultivée, de cette partie de la France. Les premières gelées des nuits pleines d'étoiles ont commencé à colorer les arbres, de telle façon que chaque cime touffue se détache dans la lumière dorée du soleil qui tombe à flots d'un ciel sans nuages. Ce temps est exceptionnel ; les jours gris d'hiver vont arriver bientôt.

Hier nous avons fait une marche de sept heures qui nous demanda une endurance qu'on n'avait pas encore exigée de nous. Un seul homme tomba cependant. Nous plantâmes nos tentes sur une hauteur et fîmes entièrement l'exercice du bivouac, mettant nos sacs à l'intérieur et nous couchant six hommes par tente. J'étais persuadé que nous nous apprêtions à passer la nuit, quand l'ordre fut donné de lever le camp et, en quelques minutes, tout le travail qui nous avait été ordonné fut détruit. La compagnie fut alors formée en colonnes de demi-section par un et nous retournâmes vers le camp, à travers la campagne, faisant un grand détour. Tout du long c'était un champ de bataille ininterrompu. Il y avait partout des obus explosés et non explosés. Dans les bois, nous trouvâmes de nombreux sacs de soldats Français abandonnés, mais pas de corps, quoique les bois en soient probablement encore pleins.

Ce matin arrive la nouvelle inattendue de la chute d'Anvers. C'est l'événement le plus important de la guerre, jusqu'à présent. Cela signifie que la Belgique entière va être sous le joug. Les Allemands, autant que j'en puis juger, occupent tout le territoire qu'ils ont convoité et qu'ils voudraient garder dans l'éventualité de leur victoire définitive. J'ai l'idée qu'ils voudront maintenant engager une guerre entièrement défensive, se contentant de se maintenir où ils sont. L'hiver imminent les favorisera merveilleusement dans ce plan de campagne. Les fortes lignes de défense, sur lesquelles ils appuient leur front, leur permettront de détacher des forces importantes à opposer aux Russes. Dans l'ensemble leur situation paraît bonne et la tâche des Français et des Anglais, pour les refouler, une entreprise désespérément dure.

A sa Mère

Camp de Mailly, Aube, France, 17 octobre 1914.

Après deux semaines ici et moins de deux mois depuis mon engagement, nous allons enfin sur la ligne de feu. Quand vous recevrez cette lettre, nous aurons peut-être déjà reçu le baptême du feu. Nous avons été engagés dans la plus dure des tâches. Deux semaines de magnifique temps d'automne, en somme ; nuits de givre, jours ensoleillés, superbes coloris des feuillages épars, qui, çà et là, rompent la vaste étendue ondoyante du paysage qui se déploie devant nous. Chaque jour, venant du nord, nous arrive le grondement du canon, des environs de Reims et des lignes du long de la Meuse. Nous avons eu de splendides simulacres de batailles ; nous avons brûlé des douzaines de cartouches à blanc. Entre les bonds de vingt mètres, alors que, couchés à terre, le sac posé près de nous, l'oreille collée au sol, c'était merveilleux d'entendre les coups répétés à intervalles réguliers de la canonnade lointaine.

Mais imaginez combien demain et les jours suivants seront passionnants : marcher vers le front, au bruit de la bataille devenant de plus en plus distinct devant nous. Je pourrais vous dire où nous devons aller, mais je ne veux pas courir le risque d'avoir ma lettre arrêtée par la censure. Tout le régiment s'en va, quatre bataillons, environ 4.000 hommes. Vous n'avez pas idée comme c'est beau de voir les troupes onduler le long de la route, à la file, en colonnes par quatre, aussi loin que l'œil peut aller, avec les capitaines et les lieutenants à cheval, à la tête de leur compagnie.

Je tiens un journal sans suite ; mais, à part cela, je suis tout à fait incapable d'aucun effort littéraire comme celui que vous aimeriez me voir faire, simplement parce qu'on n'a pas le temps. Demain commencent réellement le dur labeur et les privations. Mais je vais à l'action avec le plus léger des cœurs légers. Le travail pénible et les moments d'atroce fatigue ne m'ont pas brisé, mais endurci, et je suis en excellente santé morale et physique. Ne vous inquiétez pas, parce que faibles sont les chances de ne pas revenir et je pense que vous pouvez compter me voir à « Fairlea » l'été prochain ; car je reviendrai certainement après la guerre pour vous voir tous et me remonter. Je suis heureux et plein d'enthousiasme à l'idée des jours merveilleux à venir. Ce fut pour moi un tel réconfort de recevoir votre lettre et de savoir que vous approuvez mon acte ! Soyez assurée que je jouerai bien mon rôle, parce que je n'ai jamais été en meilleure santé, ni senti plus profondément que je suis homme.

Carte postale timbrée de « Vertus », 20 octobre 1914.

Voici la seconde nuit de halte de notre marche vers le front. Nous avons traversé un immense champ

de bataille : petits villages qui ne sont rien que des
monceaux de ruines, champs morcelés par le feu de
l'artillerie et où s'accumulent les tombes fraîches
des soldats, enterrés où ils sont tombés, surmontées
d'une croix grossière et du képi rouge. Ce fut pour
les Français une magnifique victoire que le monde
n'apprécie pas encore complètement. Je pense que
nous aussi marchons à la victoire, mais vers quoi
que ce soit que nous allions, nous allons triompha-
lement. Reims est à quarante-sept kilomètres et les
Allemands à quinze kilomètres plus haut.

JOURNAL

Vertus, 20 octobre 1914.

Fait une courte marche matinale de seize kilomètres
toujours à travers le grand champ de bataille. Les
Allemands ont battu en retraite le long du chemin
que nous suivons. Partout dans les champs, des
deux côtés, sont les trous faits par les obus et, à
côté, les tombes des hommes tombés là. Traces
extraordinaires du feu de l'artillerie. Bois de pins
dont les branches ont été déchiquetées ; arbres
énormes coupés net par le milieu. Bien que plusieurs semaines aient passé depuis la bataille, les
champs sont toujours jonchés de débris. Aujourd'hui
nous avons traversé les villages de Marsain et de
Bergères. Le premier a été complètement détruit :
pas une maison dans la plus petite rue n'a échappé
au feu. Rien que des murs noircis et, çà et là, les
habitants se tenant sur le seuil de leurs portes en
ruines, avec des figures accablées. L'aspect de cette
colonne en marche à travers une rue en ruines — un
aspect qui nous deviendra familier — était impo-
sant.

Nous sommes en Champagne maintenant et les coteaux, couverts de vignes jaunissantes, font un ravissant paysage le long de la route, bien que le temps soit toujours gris et mélancolique.

Hautvilliers, près d'Épernay.

Fait une marche d'à peu près vingt-huit kilomètres. Temps brumeux qui a gâté les beautés de ce qui aurait pû être un charmant paysage. Plus de signes de bataille ; partout les vignes d'un vert doré de la Champagne. Passés à Chonilly. Espérions cantonner à Epernay, mais conduits, en dépit d'une fatigue considérable, jusqu'à cet exquis petit village sur le sommet de la colline. Logés dans un endroit absolument délicieux, un château qui semble avoir été un cloître à l'origine, juste derrière la vieille église. Nous devons coucher dans le grenier d'une grange où la paille est en abondance. Il y a ici un agréable jardin en terrasse, plein de fleurs, qui surplombe la vallée ; la vue doit être fort belle les jours de soleil. Il paraît que nous allons demain à Reims ou tout près.

Nous sommes rattachés à la Cinquième Armée. Quantité de troupes à Epernay ; elles s'alignèrent sur les côtés de la route et nous regardèrent passer. Les autobus de Paris dans les rues. On a fait sauter tous les ponts et ils sont remplacés par des passerelles de fortune.

Verzy, 22 octobre 1914.

Départ matinal d'Hautvilliers et effectué une marche jusqu'ici, une distance d'environ trente kilomètres, rien qu'avec les haltes d'heure en heure. Une dure marche ; beaucoup tombèrent de fatigue.

Passé dans de nombreux villages ; la route entre Louvois et Verzy surplombant des collines boisées, brillantes de feuillage d'automne, était particulièrement jolie. Traversé des camps pleins de troupes africaines ; automobiles pleines d'officiers et autobus pleins de provisions nous montrent que nous approchons du front. Pendant notre dernière halte dans les bois, le colonel passa le long de nos lignes avec un groupe d'officiers et trois généraux. Peu après le sergent revint et annonça la nouvelle extraordinaire et inattendue que nous resterions à Verzy jusqu'à quatre heures et le quitterions alors immédiatement pour les tranchées, distantes seulement de cinq à dix kilomètres. Il est maintenant deux heures. Nous sommes donc actuellement sur le point d'être sous le feu. Un jour nuageux, déprimant, à ondées intermittentes de pluie fine. Aucun bruit de bataille ici : tout est tranquille.

Verzenay, 23 octobre.

La moitié du régiment fut envoyée aux tranchées la nuit dernière, un bataillon du 1er et un bataillon du 2e. Nos hommes ont dormi dans Verzy sous le harnais, c'est-à-dire portant la cartouchière, avec le sac et le fusil à notre tête. A 4 heures nous nous levâmes et, rassemblés, marchâmes jusqu'ici, à une distance de quelques kilomètres seulement, où nous reçûmes de nouveaux billets de logement pour une étable au bout de la rue Veuve-Pommery. En route, nous avons croisé des quantités de wagons et de cavaliers. Il y avait trois tombes sur le côté d'une route, à un endroit où nous nous arrêtâmes ; au-dessus de chacune était un poteau portant une pancarte avec ces mots : « Espion, traître à son pays. »

A sa Mère

23 octobre 1914.

Cela vous intéressera sûrement d'avoir une lettre du front, bien que j'aie seulement le temps d'écrire un mot.

Je ne puis vous dire le nom du village où nous sommes cantonnés, pour des raisons de service. Nous sommes à environ dix-sept kilomètres au sud-est de Reims. Je suis assis sur la bordure d'un trottoir au bout de la ville. Les maisons finissent brusquement et les vignobles jaunissants commencent ici. La vue est étendue et sans obstacles jusqu'à la crête, dix kilomètres à peu près à travers la vallée. Entre cette crête et nous sont les lignes des deux armées. Une féroce canonnade s'entend continuellement et je lève les yeux de ma feuille de papier, à chaque coup, pour voir les panaches de fumée à deux ou trois milles d'ici. Les Allemands ont fait des feux de salves de quatre coups sur un petit village où les batteries françaises stationnent : shrapnells qui éclatent en petits poufs de fumée blanche. Les Français répliquent avec des obus explosants qui soulèvent des colonnes de poussière au-dessus des lignes allemandes. La moitié de notre régiment est déjà partie pour les tranchées. Il se peut que nous nous en allions cette nuit. Nous avons fait une marche de soixante-quinze kilomètres en quatre jours et nous sommes maintenant sur le front, nous attendant à être appelés à tout moment. Je me sens heureux, dans mon élément, parce que j'ai toujours eu soif de ce genre d'existence : être où l'on vit intensément, où les émotions continuelles font battre le cœur plus vite. Chaque minute ici vaut des semaines de la vie ordinaire.

Que la vie est belle ici, au-dessus des vignobles ensoleillés ! Et quelle curieuse anomalie ! Sur ce versant, les vendangeurs chantent joyeusement en travaillant ; sur l'autre, les batteries grondent : Boum ! Boum ! Ceux-ci vous gâtent toute autre sorte d'existence. Les rayons dorés du soleil d'après-midi tombent obliquement dans toute leur gloire sur cette magnifique vallée de Champagne.

Maintenant il faut que j'expédie cette lettre. Il y a trop de choses à dire et trop peu de temps pour les dire...

JOURNAL

Verzenay, 25 octobre 1914.

De garde de 4 à 6 heures ce matin. Mitraillage et coups de fusil venant des lignes. Notre compagnie s'est rassemblée cet après-midi et nous avons fait une belle marche sur les hauteurs qui dominent Verzenay. De la crête découverte, on avait des coups d'œil merveilleux sur la vallée. Reims était entièrement visible à mi-distance ; au nord-ouest, on pouvait voir nettement la cathédrale et l'église de Saint-Rémy, de même que les hauteurs à l'est de la ville, où sont les caves de Pommery et où je me suis arrêté un soir de l'été dernier, quand je visitai Reims avec A. G. Le feuillage d'automne sur les collines, les vignes sur les coteaux, la teinte délicate du ciel à l'est, tout cela sous un pâle soleil d'après-midi, était vraiment très beau.

Je croyais que nous étions partis pour des manœuvres quelconques, mais l'apparition de quelques aéroplanes allemands se dirigeant droit vers nous et passant au-dessus de nos têtes, mit fin à cette illusion.

Nous avons fini par ramasser du bois pour faire la cuisine. Nous restâmes assis un long moment sur les sommets herbeux des collines, observant les lignes à travers la vallée. Des aéroplanes tournoyaient continuellement au-dessus de nos têtes, en reconnaissance, et furent bombardés par des shrapnells partis des lignes, sans aucun dommage apparent.

Cuiry-les-Chaudardes, Aisne, 28 octobre.

Hier notre 9e escouade fut éveillée de bonne heure, avant les autres, et bousculée dans l'obscurité. On nous prit nos sacs qui furent mis dans un wagon. Nous comprîmes que nous devions servir d'escorte au train de marchandises et à la section de mitrailleuses. Une longue journée de marche nous était promise pour compenser le soulagement qui nous était apporté de marcher sans le sac. Ce fut, en fait, notre plus dure journée. Nous marchâmes, avec de rares et courtes interruptions, de 6 h. 30 du matin à 10 h. 30 du soir, pendant lesquelles nous couvrîmes probablement cinquante-cinq kilomètres environ. Pas de nourriture, excepté les réserves que nous avions dans nos musettes. Nous suivîmes des routes qui contournent le versant méridional de la vallée de Reims. Pendant des milles, la ville se voyait à notre droite, mais, ne passant pas à une distance plus proche que cinq ou six milles, je ne pus voir nettement l'importance du dommage fait à la cathédrale. Les villages sont placés très près l'un de l'autre, dans cette région ; les Prussiens les ont tous traversés, mais nous ne vîmes aucune trace de la guerre, excepté à Marfaux, qui a été complètement détruit par le feu. Arrivés à Fismes après la tombée du jour et excédés de fatigue, nous espérions être cantonnés là, mais fûmes maintenus en marche à travers la ville et plus loin, dans la campagne sombre. La canonnade, qui avait été très violente tout l'après-midi, devint plus distincte à mesure que nous avancions vers le nord. Directement sous les lignes à 10 h. 30, nous fîmes halte et l'on nous dit d'étendre nos couvertures dans le champ, sur le côté de la route.

Je fus mis en sentinelle dès l'arrivée et demeurai en avant des wagons jusqu'à minuit. Pendant ce temps, une attaque, venant on ne savait de quel côté, eut lieu sur les lignes, à quelques kilomètres seulement de notre campement. Durant vingt minutes à peu près, le feu des fusils et des mitrailleuses fut ininterrompu, coupé à intervalles de quelques secondes par le fracas de l'artillerie, tandis que des éclairs de magnésium partaient des tranchées pour éclairer le champ de bataille. Très impressionnant dans l'obscurité. Quelques heures avant seulement, un soldat du 127e m'avait raconté, à Fismes, comment son régiment avait fait une charge semblable, deux jours auparavant et, en fait, avait été décimé, laissant sept cents morts sur le terrain.

A minuit, je me couchai sur le sol humide et tentai de trouver le sommeil avant 3 heures, heure à laquelle nous nous levâmes de nouveau et continuâmes de marcher pendant dix ou douze kilomètres, jusqu'à ce village désolé où nous sommes logés, pour aujourd'hui, dans une étable malpropre. Ici, nous sommes juste derrière les lignes ; nous nous reposons et partons dans les tranchées cette nuit. Enfin, nous allons être sous le feu !

29 octobre.

Dormi ici la nuit dernière, contrairement à notre attente. Nous avons tous été passés en revue ce matin par le général, dans les champs bordant la route de Beaurieux. Il montra au capitaine une nouvelle façon de marcher en colonnes simples sous le feu de l'artillerie, et nous retournâmes à Cuiry dans cette formation. Espoir d'aller dans les tranchées cette nuit; elles sont seulement à quatre kilomètres d'ici, au-dessus de la colline. Nous sommes arrivés au point où combattre est la seule chose possible. Dans ce petit village, il n'y a rien à acheter, d'aucune sorte, pas même un morceau de pain ou une goutte de vin. Nous avons un avant-goût de ce que nous aurons à endurer dans l'avenir. Tout ce que nous aurons à manger viendra de la cuisine du régiment et en petite quantité. Le pauvre sera aussi bien partagé que le riche et, de toutes les choses que nous emportons, l'argent sera la plus inutile.

4 novembre 1914.

De retour à Cuiry. Nous sommes partis il y a une semaine à travers les forêts, sous un ciel lunaire. Le chemin n'était qu'une trouée récente à travers les arbres, pour faire passer l'artillerie, et presque impraticable à cause de la boue. Arrivés aux tranchées de première ligne, je fus envoyé en avant dans une petite tranchée dans les champs, pour y demeurer toute la nuit, veillant en sentinelle avec une demi-douzaine de camarades. Rien signalé. Le jour suivant fut paisible et nous le passâmes à perfectionner les abris contre les bombes, le long des lignes. Ce fut une journée bien employée, car les Allemands qui, jusqu'alors, s'étaient contentés de diriger leurs feux par-dessus nos têtes, sur les batteries françaises derrière nous, commencèrent à les tourner contre nos tranchées, informés sans doute par leurs aéroplanes qui avaient continuellement bourdonné au-dessus de nos têtes. Les shrapnells commencèrent à

4

exploser de tous côtés dans les bois, autour de nous, et nous fûmes obligés de nous tenir à couvert tout le jour.

La nuit tombait à peine lorsqu'une fusillade partit des lignes voisines ; le cri « Aux armes ! Aux tranchées ! » courut de porte en porte et nous nous précipitâmes dehors, dans la nuit, pour attendre dans le boyau boueux, tandis que les balles sifflaient autour de nous. Mais ces fusillades s'arrêtaient toujours, ne provenant probablement que de patrouilles allemandes cherchant à découvrir notre position. La première fois, nous fûmes forcés de rester debout toute la nuit ; mais ensuite nous en prîmes l'habitude et il nous fut permis de retourner dans nos trous, pour dormir. De cette façon, nous nous précipitions dehors dans l'obscurité, quatre ou cinq fois dans une seule nuit. D'abord, nous fûmes un peu inquiets, mais, à la fin, seulement ennuyés. Pendant le jour, nous dormions sans souci des obus qui éclataient autour de nous. Canons de tous calibres et de toutes portées. Feux intermittents de fusils et de mitrailleuses. Tourbillonnements continuels d'aéroplanes au-dessus de nos têtes. Sifflement des obus qui passent. Bruit particulier de ceux qui éclatent haut en l'air, dirigés contre les aéroplanes.

Quatre jours et quatre nuits passés ainsi, pendant lesquels notre compagnie eut deux morts et neuf blessés. Vanderveldt fut tué instantanément par une balle de shrapnell sur le seuil de sa hutte, à quinze ou vingt mètres seulement de la nôtre.

La position de nos tranchées était en bordure d'un bois, en face de la crête sur laquelle est situé le petit village de Craonnelle. Revenant ici, nous eûmes un jour de repos et ensuite nous passâmes les deux derniers occupés à un dur labeur : creuser des tranchées derrière les premières lignes. Cette nuit, nous remontons dans les bois de nouveau, il paraît ; cette fois pas en première ligne, mais comme réserve. La compagnie qui nous a relevés a eu un dur moment, disent les hommes, et a déjà eu quatre morts.

10 novembre 1914.

Cinquième jour de notre deuxième période dans les tranchées. Cinq jours et nuits de pure misère. Nous arrivâmes ici jeudi soir ; une nuit de clair de lune brumeuse, assez claire pour laisser voir les champs à travers lesquels nous montions, criblés de trous d'obus aussi rapprochés que des taupinières, et les bois de pins pleins de troncs fracassés et de branches brisées. Les Allemands ont tenté de détruire le château des Blancs-Sablons, au-dessous duquel nos cuisines sont situées, mais, par quelque miracle, il a échappé. C'est ici qu'est logé l'Etat-Major. Notre position cette fois, a été installée dans une glaisière, sur un haut sommet au-dessus du château. A cause de la situation très exposée et dangereuse de cet endroit, de formidables abris ont été construits sur ce point de la ligne, dans lesquels nous avons été confinés pendant cinq jours, du matin au soir. Un grand trou dans la tranchée même, à quelques mètres de la porte de notre abri, montre la place où trois hommes du bataillon D. furent tués par un obus, quelques jours seulement avant notre arrivée.

Nous nous attendions à un violent bombardement, mais cinq jours de brouillard continuel ont considérablement ralenti le tir, quoique nous ayons une terrible canonnade sur d'autres points de la ligne. Un brancardier a été tué il y a quelques jours et il y eut quelques blessés. C'est une misérable vie à laquelle nous sommes condamnés, frissonnant dans ces trous lugubres, dans le froid, la malpropreté et

dans une demi-obscurité. Il est impossible de traverser les espaces découverts pendant le jour, de
sorte que nous ne pouvons nous procurer notre nourriture qu'en allant aux cuisines avant l'aurore et
après le coucher du soleil. Le froid, en devenant de
plus en plus vif, rendra cette existence presque insup·
portable, avec son accompagnement de vermine et
de dyssenterie. Puissions-nous seulement attaquer ou
être attaqués ! J'en entendrais l'ordre avec délice !
Ce n'est pas tellement en affrontant les balles que
le soldat fait preuve d'un réel courage, mais en résis-
tant à la fatigue, au manque de confort et à la misère. Nous devons être relevés cette nuit, mais retour-
nerons-nous à Cuiry ou redescendrons-nous juste en
dernière ligne, près du Château ? Je ne sais. Quel
hiver en perspective, si notre campagne doit consis-
ter seulement à alterner entre ces deux phases :
l'inaction et le manque de confort !

A son Père

12 novembre 1914.

Je vous écris de notre camp dans les bois, quelques milles en arrière des premières lignes de
tranchées, d'où nous revenons juste pour la cinquième fois. Nous allons habituellement dans un
petit village où se trouve l'Etat-Major de notre régiment. Mais il y a quelques jours les Allemands l'ont
bombardé avec des pièces à longue portée et semblent avoir causé des dommages considérables.
L'église a été abattue et trente personnes ont été
tuées parmi la population et les artilleurs cantonnés
ici. Un obus entra dans le grenier à foin où nous
avions couché quelques jours plus tôt, tua cinq per-

sonnes et en blessa treize. Aussi nous campons maintenant dans la forêt, dans un énorme abri que nous avons aidé à bâtir pendant ces périodes qu'on appelle de repos.

Voilà ce qui est décourageant dans le genre de guerre que nous soutenons : être harcelés ainsi par un ennemi invisible et se tenir en haleine contre tous les dangers de la bataille, sans son excitation ni son enthousiasme. De Belfort jusqu'à la mer maintenant, c'est la « guerre de tranchées ». J'ai tenté de décrire un peu ce que cela signifie dans un article que j'ai trouvé le moyen d'écrire, dans les pires conditions et que je vous enverrai quand il paraîtra. Comme comparaison, une charge à la baïonnette serait désirable et l'ordre en serait bienvenu pour nous tous.

Je suis heureux de savoir que maman ne se tourmente pas trop. Vous pouvez probablement suivre les choses assez bien pour savoir que je n'étais pas dans le Nord, où les pertes ont été lourdes, mais dans le centre, où les positions restent plus eu moins inchangées depuis la bataille de la Marne et où l'infanterie n'a guère donné que comme soutien de l'artillerie. Aussi longtemps que ces conditions ne se modifieront pas, le danger sera très minime et cela peut durer tout l'hiver. S'il en est ainsi, cela vous satisfera plus que moi.

A sa Mère

17 novembre 1914.

Je n'ai plus vu de ces petites cartes que je vous envoyais ; c'est pourquoi je veux vous écrire quelques lignes pour vous faire savoir que je vais bien, en courant le risque que ma lettre ne passe pas. Comme vous pouvez le voir d'après le papier, j'ai déjà reçu la valise et son contenu a été le bienvenu. Elle arriva par le fourgon pendant que nous étions campés dans les bois. J'ai juste eu le temps de regarder les objets, de mettre dans mon sac ce que je pouvais emporter et de donner le reste à des camarades. Thaw prit le « zarape » ; j'avais déjà une bonne couverture. Il ne pouvait pas être question d'emporter des poids supplémentaires ; vous comprenez, tout ce que nous possédons maintenant doit être sur notre dos pendant les marches, et la charge vous étonnerait un peu s'il vous était possible de la soulever. Me voilà maintenant bien équipé pour n'importe quel temps.

Hier nous eûmes notre première chute de neige ; ainsi vous voyez combien votre envoi est arrivé au moment opportun.

Malheureusement, j'ai laissé mon manuscrit chez un imprimeur à Bruges, qui est maintenant aux mains des Allemands et le centre de la plus féroce bataille. Après la guerre j'y retournerai et le chercherai. Et alors, je penserai de nouveau à l'Amérique ; avec mon volume et ma médaille commémorative, j'imagine que je justifierai mon voyage en Europe au point de vue pensée et action. Cette expérience m'apprendra la douceur et la valeur des choses ordinaires de la vie. Le monde sera plus beau pour moi, par conséquent. Ainsi attendez, et comptez que je serai avec vous l'été prochain.

JOURNAL

4 décembre 1914.

De nouveau dans les mêmes tranchées. Les choses se sont améliorées ici. Un fermier bienfaisant envoie de temps en temps à Fismes un fourgon qui revient chargé d'abondantes provisions que les soldats peuvent acheter à des prix modérés. De cette manière, nous pouvons emplir nos sacs de chocolat et de boîtes de conserves, en quantité suffisante pour nous mener au bout de nos six jours.

Les tranchées ont été très perfectionnées par la dernière section. Le toit a été imperméabilisé; on a mis en avant plus de fils de fer barbelés et la terre retirée des trous agrandis a été tassée le long des murs, rendant ainsi l'abri plus chaud. A condition de boucher les créneaux avec de la paille, il nous est maintenant permis de faire du feu la nuit; ainsi nous pouvons chauffer nos gamelles et nous étendre pour dormir dans une chaude atmosphère. Cet emplacement est, dans l'ensemble, le plus agréable de tous ceux que nous avons occupés jusqu'à présent. L'abri est plus confortable maintenant, parce que nous l'avons agrandi suffisamment et nous avons couvert le sol d'une épaisse couche de paille. La vue en face, à travers les créneaux, est vraiment réjouissante, un immense verger s'étendant de nos positions jusqu'à la crête. Derrière, un petit cours d'eau coule dans les bois, où nous pouvons nous laver, et, auprès d'un moulin en ruines, se trouve une source où nous pouvons emplir nos bidons.

Ici il y a un poste du 73e régiment; on peut fraterniser avec les soldats et entendre les récits d'hommes qui ont été au plus fort de la mêlée, depuis le commencement de la guerre.

Nous allâmes en patrouille, il y a quelques nuits ; nous avançâmes droit sur les lignes et nous nous dirigeâmes vers les environs de Craonnelle. Là, nous entrâmes dans une vieille grange et rapportâmes de grandes brassées de paille pour notre abri.

CHOUMU MARITZA

Choumu Maritza okrvavena
Platché Oudovitza
Liouto remiena.

Marche, Marche
Zarigrade ie nache.
Raz, Dva, Trie,
Mladu Boulgarie.

Boulgarie mili
Napred da vrvim
Ca svitchku cili,
Gueneral ie c nac
Marche, marche,
Etc...

Traduction en français par A. S.

Coule Maritza ensanglantée,
Les veuves pleurent
Grièvement blessées.

Marche, Marche,
Constantinople est à nous.
Une, Deux, Trois
Jeunes Bulgares

Chers Bulgares,
Nous devons avancer
Avec toutes nos forces,
Notre Général est avec nous
Marche, marche,
Etc...

Ceci est l'hymne national bulgare. Mon camarade d'armes Hulmaja me l'apprit et nous avions l'habitude de le chanter au cours de nos marches autour de Mailly et le long des routes qui nous ont conduits jusqu'au front. Il l'écrivit un jour pour moi dans les tranchées et j'écrivis pour lui quatre strophes de la *Marseillaise*.

II

8 DÉCEMBRE 1914

En sentinelle. — Le rôle du soldat. — Manque de confort et
misères de la vie dans les tranchées. — Le commissariat. —
La lutte continuelle de l'artillerie.

Au '' New-York Sun ''

8 décembre 1914.

Ceci est notre quatrième période dans les tranchées depuis notre arrivée au front, il y a un mois.
Nous quittâmes notre camp dans les bois, en bas
près du Château, ce matin avant l'aurore, et gravîmes la colline, en file par un, sous les étoiles
d'hiver. Traversant la seconde ligne de tranchées,
nous avons marché pendant quelque temps en con-
tre-bas d'une route crevassée de place en place par
des trous d'obus et obstruée, çà et là, par des arbres
fracassés. A travers les éclaircies dans les bois, nous
nous rendions compte que nous suivions une crête
élevée, et, des deux côtés, des profondeurs embru-
mées s'étendaient au loin; l'obscurité était déchirée
parfois par une lumière lointaine ou la lueur mo-
mentanée d'une fusée au magnesium envoyée des
lignes allemandes.

ll y a quelque chose de fascinant, si l'on est mis en sentinelle dès l'arrivée, à regarder l'aurore illuminer doucement un des nouveaux paysages, d'une position prise sous la protection de la nuit. L'autre section a été relevée et s'en va ; la consigne nous a été donnée par la précédente sentinelle et l'on vous laisse seul, derrière un rempart de poussière, regardant le Nord et la nuit vide, périlleuse...

Doucement le paysage mystérieux qu'elle enveloppe s'éclaircit à mesure que la lumière grise se glisse sur les collines du côté du Levant. Comme une photographie dans le bain, ses lumières et ses ombres se révèlent graduellement. La tache claire du premier plan devient un château en ruines, la bande grise, un village démoli. Sur le versant opposé, les détails se précisent à l'endroit où sont cachées les tranchées silencieuses de l'ennemi, quelque cent mètres en avant. Nous découvrons que nous sommes dans un pays boisé, montagneux, avec de larges horizons et des lignes de brume dans les vallées. Notre position est excellente, cette fois : une crête élevée, un terrain découvert descendant obliquement des tranchées et quantité de fils de fer barbelés enchevêtrés tout du long, immédiatement en avant. Ce serait une rude entreprise d'enlever une telle ligne et il n'y a pas grand danger que l'ennemi la tente.

Avec le jour grandissant la sentinelle prend une position abritée et surveille les alentours nouveaux, à travers de petites brèches à des endroits où les remparts ont été crénelés et recouverts de branchages. Tout à coup, elle tressaille : un son métallique se fait entendre derrière elle, venant des bois. C'est la voix, à laquelle on ne peut se tromper, d'un 75 français donnant le signal du duel d'artillerie quotidien. Quand, au grand jour, la sentinelle est relevée, la canonnade est générale tout le long de la ligne. La sentinelle confie son poste à un camarade et rampe jusqu'au fond de son abri, presque à contre-cœur, parce que la longue journée d'attente inactive est commencée.

Plutôt que d'imiter mes camarades qui emplissent la chambre des bruits variés du profond sommeil, j'essaierai de tromper un peu mon ennui en vous faisant une description de la vie d'un volontaire dans l'armée française, à l'un des points les moins intéressants du front actuel : celui du centre.

Après la brillante victoire française de la bataille de la Marne, les Allemands, repoussés dans leur attaque sur Paris, refluèrent sur une ligne environ à mi-chemin entre la capitale et la frontière, et se retranchèrent fortement le long des crêtes, juste au nord de l'Aisne. Les Français, marchant sur leurs talons, prirent n'importe quelle position ils purent trouver ou conquérir, immédiatement derrière eux, et s'installèrent, non moins puissamment fortifiés, le long d'une ligne séparée de celle de l'ennemi, la plupart du temps, par une distance de quelques centaines de mètres. Il s'ensuivit une sorte de point mort ici, et le théâtre critique de l'action se trouva déplacé vers le Nord, où sont toujours en jeu, dans une terrifiante bataille, la possession de la côte et la base d'un mouvement enveloppant qui peut être décisif. Vers l'Est, les opérations sont presque réduites à des actions d'artillerie, en attendant le résultat du combat du Nord qui doit être décidé avant qu'une avance puisse être entreprise, de l'un des deux côtés, sur d'autres points de la ligne.

Il est vrai qu'occasionnellement une fusillade violente, à droite ou à gauche, indique que des attaques sont faites et peuvent se produire à tout moment. Mais ce sont là seulement des luttes locales pour une position et, en général, au centre, l'infanterie est utilisée pour appuyer la ligne sans fin des batteries qui, tout du long de cet immense front, se harcèlent l'une et l'autre à courte distance, à travers les champs, les forêts et les vignobles.

Ce système de guerre est extrêmement moderne et, sans doute, très intéressant pour les artilleurs. Mais pour le pauvre simple soldat il n'est rien moins que romantique. Son rôle consiste simplement à se creuser lui-même un trou dans le sol et à se tenir caché dedans en se faisant aussi petit que possible. Continuellement sous le feu des batteries adverses, il ne lui est cependant jamais permis de jeter un coup d'œil sur l'ennemi. Exposé à tous les dangers de la guerre, mais sans rien de ce qui en elle enthousiasme ou donne l'élan splendide, il est condamné à demeurer assis comme un animal dans son terrier, et à entendre les obus siffler au-dessus de sa tête et faire leur moisson quotidienne parmi ses camarades.

Le matin d'hiver naît sous un ciel gris et la gelée blanche couvre les champs. Les pieds du soldat sont engourdis, son bidon est gelé, mais il ne lui est pas permis de faire du feu. La nuit d'hiver tombe, apportant la perspective de la veillée en sentinelle et la continuelle appréhension du brusque appel aux armes ; il ne lui est même pas permis d'allumer une bougie. Il doit s'entortiller dans sa couverture et se coucher, recroquevillé dans la paille souillée, pour dormir du mieux qu'il peut. Comme nous sommes loin de l'idée que l'on a du bivouac nocturne, avec ses chants et sa franche gaieté !

Les installations où l'on est mal à l'aise amènent la mauvaise humeur et les disputes. L'impossibilité de la plus simple propreté personnelle fait de la vermine une plaie universelle, contre laquelle il n'y a pas de remède. Le froid, la saleté, le manque de con-

fort sont les conditions habituelles, et la vie du soldat en arrive à être pour lui le type de la plus
grande misère que l'organisme humain puisse supporter. Il désire impatiemment l'attaque qui le met-
tra en face des fils barbelés et de la mitrailleuse, ou
n'importe quoi qui lui donnerait un peu de liberté
et d'activité pour le corps et l'âme.

Mon compagnon d'armes est un jeune Serbe qui
fit toute la campagne des Balkans jusqu'à ce que la
guerre éclatât avec les Bulgares. A ce moment, il
déserta et vint à Salonique parce qu'il ne voulait pas
se battre contre un peuple frère, sa mère étant Bulgare. Après les triomphes de la campagne de Macé-
doine, la méthode actuelle de combat lui est presque
insupportable et il se ronge de pitoyable façon dans
l'inaction forcée. Dans les Balkans, il n'y eut pas de
combats derrière des remparts de terre, mais tout
se passa en terrain découvert et à la pointe de la
baïonnette, et rarement les Turcs attendirent la furie
du choc. Le soir il n'y avait pas de coucher dans le
froid et les ténèbres, mais, autour des feux de bivouac,
les soldats chantaient les anciens hymnes de victoires
de leurs ancêtres et dansaient leurs danses natio-
nales. Quelquefois, ils allumaient un grand brasier
à quelque distance de leur camp et conservaient
seulement, entre eux, une quantité de petits feux.
Les Turcs bombardaient le grand brasier toute la
nuit, tandis qu'autour des petits feux, les soldats demeuraient en paix. Dans la malpropreté et l'obscurité de notre campement souterrain, il me raconte
souvent la gloire de ces jours et les merveilleux
exploits de son peuple — l'attaque de Kumanovo et
la charge de Dibra, où il eut le corps traversé par
une balle, ce qui le mit à l'hôpital pour un mois et
demi. C'est ignoble ce genre de guerre! s'exclame-
t-il. Au lieu d'extérioriser tout ce qu'il y a de noble

dans un homme, cela fait ressortir seulement ce qu'il y a de pire en lui : petitesse, avidité et mauvais caractère. En fait, nous ne vivons pas du tout comme des hommes, mais comme des animaux, habitant des trous dans le sol et ne montrant nos têtes à l'extérieur que pour combattre et nous alimenter.

Au milieu de la monotonie de cette sorte d'existence, la question de nourriture prend une importance presque amusante pour qui lui donne seulement une place secondaire en temps de paix. C'est, en fait, le suprême, sinon le seul événement de la journée. En France le soldat est bien soigné à ce point de vue. Au cantonnement et dans les conditions normales, il reçoit ordinairement en premier lieu, le matin, du café et une ample ration quotidienne de bon pain ; puis, à 10 heures et à 5 heures, on lui sert de la soupe, de la viande et des légumes — excellemment cuisinés — du café et du vin, sans compter, à l'occasion, les petites gourmandises exceptionnelles telles que : chocolat, confitures, eau-de-vie, etc...

Dans les tranchées, ce programme est nécessairement modifié par la distance des cuisines et l'impossibilité d'aller et de revenir en plein jour, à cause du feu de l'artillerie. La première fois que nous sommes venus dans les tranchées, nous avions commis l'erreur d'avoir notre cuisine trop près dans les bois. Fut-elle signalée par la fumée ou par l'un des aéroplanes ennemis qui bourdonnent continuellement au-dessus de nos têtes, les Allemands découvrirent rapidement son emplacement et la section des cuisines fut forcée de retourner au Château, avec un homme tué et une demi-douzaine de blessés, puis d'établir ses quartiers dans les bois, à trois ou quatre kilomètres de la ligne des tranchées.

Depuis lors, la question du ravitaillement est réglée comme suit : chaque matin à trois heures, une escouade d'hommes quitte les tranchées et revient avant le lever du jour, avec les provisions de la journée : pain et café, fromage et vivres de réserve, tels que viande froide, pâtés, sardines, etc... La ration est faible, mais le genre de vie dans ces tranchées n'est pas de ceux qui vous aiguisent l'appétit. Le soir, une autre escouade s'en va immédiatement après le coucher du soleil. Chacun attend anxieusement le cliquetis des seaux revenant dans la nuit. C'est un bon repas alors : une soupe, ou quelque ragoût, aussi chaud qu'on peut l'espérer si on considère la distance des feux de la cuisine, café et vin, et nous nous groupons tous avec nos petites gamelles pour la distribution.

Ces voyages nocturnes aux cuisines offrent parfois une difficulté considérable parce que de fréquents changements de position nous trouvent souvent peu familiers avec la disposition des sentiers nouvellement tracés dans les bois, mal délimités et impraticables tant ils sont boueux. Ne tenant pas compte du danger de s'égarer dans les marécages et les fourrés et de la peine de rapporter un lourd chargement dans l'obscurité, on considère comme un privilège d'être désigné pour cette mission, parce que cela donne un peu d'activité qui compense la monotonie journalière. En colonne par un, l'arme à l'épaule, nous avançons lourdement, mouillés jusqu'aux chevilles, la forêt noire tout autour de nous, chaque homme portant une demi-douzaine de bidons, outre sa charge. Notre eau vient d'une source en bas du Château.

Augmenter les rations réglementaires avec de petits extra, tels que beurre, fromage, conserves et spécialement chocolat, est une chose qui occupe davantage les pensées du jeune soldat que l'ennemi invisible.

Notre caporal nous disait l'autre jour qu'il n'y avait pas un homme dans l'escouade qui n'échangerait son fusil contre un pot de confitures. Il est vrai que nous pensons davantage à nous procurer ces bêtises, qu'à entretenir nos fusils propres. C'est qu'il n'est pas facile de trouver de telles choses ! Le pays où nous sommes maintenant a été complètement bouleversé par les combats, si bien que les pauvres habitants et leurs provisions de réserve ont sérieusement souffert du passage continuel des troupes en action. La contrée est dévastée comme un champ après le passage des sauterelles.

Dans le village où nous sommes logés durant nos intervalles de repos, entre les périodes dans les tranchées, il est impossible de se procurer quoi que ce soit, à aucun prix. Notre argent de poche est autant de papier inutile. En envoyant à des villes très distantes, en payant des commissions et des prix exorbitants, on peut s'arranger pour se procurer quelque chose. Une fois dans les tranchées ces denrées sont plus précieuses que l'or. Selon la loi des échanges, les services sont payés en chocolat parce que l'argent est considéré comme sans valeur pour les paiements.

Quoique la guerre moderne ne nous permette pas de penser plus à nous battre qu'à manger, nous n'oublions pourtant pas que nous sommes actuellement sur une ligne de bataille. La lutte précise et scientifique de l'artillerie continue toujours au-dessus de nos têtes. Entassés coude à coude dans ces obscures galeries, on pourrait s'estimer heureux de rester accroupi tout le long du jour, auditeur de ce magnifique orchestre de bataille, n'était qu'on s'y accoutume si vite qu'il n'est pas longtemps magnifique. Nous entendons la voix de canons de tous genres et de toutes portées. Nous apprenons à lire la partition et à distinguer les instruments. Auprès de nous sont des batteries de campagne ; plus loin, des canons de siège. Par-dessus tout se fait entendre le son bien reconnaissable, aigu, métallique, du 75 français, le sifflement de son obus et le bruit plus lointain de son explosion. Quand les batteries allemandes répondent, les sifflements et l'explosion surpassent la voix du canon.

Quand on entend le sifflement, le danger est déjà passé. Les obus, qui éclatent immédiatement au-dessus de nos têtes et qui passent sur le toit blindé de nos terriers, viennent sans s'annoncer. Quelquefois ils viennent seuls, quelquefois en salves rapides de deux, trois ou quatre. Le bruit de l'explosion des shrapnells est suivi par le « Vvvz »... des balles qui coupent l'air. Les percutants ou les marmites explosent d'une manière plus impressionnante, de telle sorte que la terre tremble. Les shrapnells décapitent les arbres et coupent net les troncs de forte taille comme si c'était des baguettes ; les percutants creusent des trous de huit ou dix pieds à travers tous les champs.

Quand les lignes sont rapprochées comme les nôtres en ce moment, le tir des guetteurs est incessant, surtout du côté des Allemands. La nuit, quelquefois, une violente fusillade nous fait prendre les armes ; nous nous précipitons hors de nos terriers pour trouver les coteaux embrasés par les feux de Bengale venus des tranchées allemandes, où nos ennemis sont en alerte et aussi mystifiés et inquiets que nous. Aucune de ces alertes n'a abouti à quoi que ce soit, là où nous sommes, mais quelquefois, venant des lignes proches, nous entendons le bruit prolongé de la fusillade, ponctuée par le roulement de l'artillerie, ce qui nous prouve qu'une attaque désespérée est toujours possible.

Par les temps clairs, les aéroplanes bourdonnent toute la journée au-dessus de nos têtes. Des deux côtés, on les bombarde avec des shrapnells, ce qui fait un étonnant petit bruissement quand ils explosent très haut dans l'air. Je n'ai jamais vu les lignes « descendre » un aviateur, parce que les poufs de fumée jaune se désagrègent trop bas et, s'élevant dans les nuages, l'appareil s'en va, bourdonnant, laissant choir avec mépris ses fusées-signaux. Il y a quelques jours, je vis un aéroplane allemand envoyé à terre par un monoplan français. Nous étions campés dans les bois, derrière les lignes, quand la silhouette familière d'un Taube, se détachant sur le ciel d'hiver, nous fit nous précipiter dans notre abri. Tout à coup, sans que nous ayons remarqué son approche, je vis un aéroplane français tout près de son ennemi. On entendit la rapide décharge d'une mitrailleuse et l'appareil allemand, blessé, plongea brusquement et descendit en un long vol plané ; mais je ne vis pas si le pilote avait assez de hauteur pour regagner ses lignes avant que les roues se heurtent au sol.

C'est toujours vers le soir que la canonnade est la plus violente. Avec l'obscurité, elle s'apaise presque complètement. Alors les soldats, ensommeillés, débraillés et les membres crispés, rampent hors de leurs trous, se redressent, étirent leurs jambes et prennent l'air. Tout le monde sort comme des ouvriers d'usines à cinq heures. L'escouade de cuisine part, d'autres s'occupent à réparer les terrassements de défense fracassés, et la première sentinelle de la nuit s'en va.

Etre en sentinelle peut être tout ce qu'il y a de plus mélancolique, si la nuit est mauvaise et que le vent d'hiver mugisse à travers les pins, — mais peut,

au contraire, apporter des moments d'exaltation si
la digue des nuages s'éloigne, si la clarté de la lune
se répand au-dessus des collines paisibles, ou que
le ciel s'illumine de la beauté des étoiles du nord.
Il en a été ainsi toutes ces dernières nuits, depuis
que j'ai commencé ces notes. Une vague de froid a
gelé tous les chemins ; une neige légère est tombée
et, la nuit, la lueur de la lune, s'épanchant dans le
ciel de givre, illumine toute l'étendue du paysage
jusqu'à ses horizons les plus reculés. Dans le ravin,
la carcasse blanche et les cheminées du Château en
ruines se dressent parmi les bouquets de pins noirs ;
sur la crête opposée, on peut distinguer aussi clairement qu'à la lumière du jour, les bosquets, les murs
et les routes à travers lesquels s'incurvent les lignes
silencieuses et incertaines des tranchées de l'ennemi.
Les regardant de son rempart, le soldat en sentinelle a amplement le temps de réfléchir. Seul, sous
les étoiles, la guerre se révèle à lui, plutôt sous son
aspect cosmique que sous son aspect moral. En s'élevant ainsi dans l'abstrait, la question du bon droit
disparaît. Les peuples sont en guerre, parce que la
lutte est la loi de nature et la force l'arbitre tout-
puissant de l'humanité, non moins que dans tout le
reste de l'Univers. Il est du parti pour lequel il combat, pas du tout comme conclusion de ses sentiments
moraux, mais parce que la destinée l'a placé en une
telle constellation. Le sentiment de sa responsabilité
pèse fortement sur lui. Jouant un rôle dans la vie
des nations, il prend part dans le plus grand mouvement que sa planète lui permet d'y avoir.

Il tressaille d'orgueil avec le sentiment d'être mis
en une place nécessaire dans le conflit des hommes
en armes, et, regardant la crête ennemie au-dessus
de laquelle la Grande Ourse se déploie au zénith, il
sent, avec la sublimité d'un enthousiasme jusqu'alors

inconnu de lui, s'établir une sorte de camaderie avec les étoiles.

La période régulière de service dans les tranchées est de six jours, en temps normal. Assez souvent cela semble près de la limite de tension physique et morale qu'un homme puisse supporter. La dernière nuit, la compagnie fait ses paquets et, soit à la tombée de la nuit, soit au lever du jour, elle se rassemble et attend l'arrivée mystérieuse des sections de relève à qui la position est confiée sans regrets. Nous nous en retournons par les chemins ravagés et passons nos trois jours d'intervalle, qu'on appelle le repos, logés dans les étables ou les greniers à foin du village, ou campés dans les bois autour du Château.

Par le mauvais temps, la première alternative est la plus agréable, car on est abrité par un bon toit, on peut se laver et fraterniser avec les artilleurs et les soldats des autres régiments. Mais, si le ciel est clair, il est agréable de camper près du Château, où le versant escarpé d'une colline, dans la forêt, est couvert par les petites cabanes rustiques construites par les soldats lorsque les feuilles étaient encore aux branches. Ici, on peut faire du feu à volonté, et, au crépuscule, avec l'odeur de la fumée de bois et l'étincellement des lumières à travers les arbres, les conditions de la vie de l'armée se rapprochent de ce que nous imaginions qu'elles seraient quand nous nous sommes engagés.

Ainsi, telle est la part qui nous a été assignée au cours de notre premier mois de service en campagne ; une part bien loin d'être active, mais que la nouveauté a rendue intéressante. Combien cela durera-t-il ? Quelle modification l'avenir nous apportera-t-il ? Voilà le sujet le plus fréquent de nos conjectures et de nos discussions aux tranchées et au

cantonnement. Si notre hiver ne doit être qu'une
série d'alternatives entre le manque de confort de
l'abri surpeuplé et la crasse du village, il n'en est
pas un ici qui ne serait heureux d'être envoyé immédiatement dans le Nord pour supporter toutes les
rigueurs d'une campagne à découvert, de façon à
prendre part à l'action. Mais si la victoire dans le
Nord détermine une avance tout du long de la ligne,
on sera aussi bien placé en ce point qu'en n'importe
quel autre.

Au nord de nous, derrière la crête hérissée, la
frontière n'est pas loin. Entre elle et nous, directement sur notre route, est la « Cité de la Cathédrale »
sur la colline. Il y a un peu moins d'un an, je me
promenais dans ses rues antiques et, de ses remparts
hautains, dans l'ombre de son cloître, aux tours
gothiques, je regardais vers l'Est au déclin du jour
le vaste et splendide paysage. Le rêve d'entrer de
nouveau dans cette ville, comme nous voudrions y
rentrer, a rempli plus d'une de mes nuits de garde.
La crête opposée à nous aurait été enlevée à la pointe
de la baïonnette, nos rangs auraient été éclaircis,
mais le drapeau flotterait toujours sur la ligne bleue
et rouge qui ondule, en gravissant la colline, jusqu'à
la ville, et il s'enroulerait sous l'antique porte ! Nos
officiers n'auraient jamais paru si vaillants, chevau-
chant à la tête de chaque compagnie, épuisée par la
bataille.

L'après-midi de plein hiver baignerait dans une
splendeur vermeille les tours magnifiques et les bal-
cons pavoisés. Des unes, retentiraient les tonnerres
de cloches de bienvenue et, des autres, les acclamations de la multitude. Armée de la délivrance, nous
pénétrerions dans les rues étroites de l'antique cité,
la première étape de notre longue avance victorieuse
serait accomplie, et, parmi les bénédictions d'une

foule délivrée, nos cœurs se dilateraient avec la suprême émotion que peut offrir la vie, cette émotion idéalisée sur le sol de la France, de sa Révolution et de son Empire, dont le nom est celui de la figure ailée que ses soldats aiment à représenter à la tête de leur bataillon victorieux : la Gloire !

III

14 DECEMBRE 1914. — 11 JANVIER 1915

Une position dangereuse. — L'abri de tranchée. — La Noël à Cuiry.
— Une promenade à Beaurieux. — Le Jour de l'An. — Une visite
à Chaudardes. — Aventure au petit poste.

Au « New-York Sun »

14 décembre 1914.

Nous avons campé dans les bois pendant ces trois derniers jours. Ces intervalles de repos entre nos périodes de service dans les tranchées se passent habituellement au cantonnement, à X..., à quelques kilomètres derrière les lignes. Pendant notre dernière absence, les Allemands l'ont répéré et bombardé à longue distance, par-dessus les collines. La précision de leur tir paraît avoir étonné ceux qui en ont été témoins. A 10 heures et demie du soir, les obus commencèrent à tomber sur le paisible petit village. Quand ils cessèrent, trente soldats et habitants avaient été tués.

Dans le grenier à foin où nous avions dormi quelques nuits auparavant, une marmite défonça le toit et tua net cinq de nos camarades, en blessant treize d'une autre compagnie. Aussi ne sommes-nous pas retournés à X... cette fois. Ceux qui sont restés dans le village ont occupé leur temps à jeter bas ce qui restait de la tour de l'église, dont le clocher pointu, visible par-dessus la crête, signalait la position de notre Etat-Major aux batteries ennemies.

Nous nous arrêtâmes à mi-chemin et campâmes dans une vaste hutte-abri, dans le sable, sous les branches dénudées de la forêt d'hiver.

Ce matin, nous sommes revenus aux tranchées pour la sixième fois. J'arrive à me souvenir du nombre de nos périodes de tranchées — bien que j'aie perdu la notion des jours de la semaine et du mois, — mais il n'y a réellement rien qui distingue celle-ci des autres étapes de l'existence monotone que cette guerre de tranchées nous impose à présent. Une fois de plus, le réveil dans le noir, l'emballage hâtif et le départ, la marche hors des bois et l'ascension de la colline, cette fois sous le dernier quartier de la dernière lune de l'année. Un écran de nuages mouvants pâlit son éclat et cache les étoiles.

Crête après crête, les collines boisées s'étendent au-dessous et autour de nous dans l'immense crépuscule. Un boqueteau de pins couronne la crête que nous escaladons sous le couvert de l'obscurité. On nous a dit que la position que nous allons occuper est très périlleuse à cause du feu de l'artillerie. Ce ne sont pas les tristes récits des hommes de l'ambulance qui nous le font croire ; ce ne sont pas les branches fracassées, ni les trous en cratères, à demi remplis de pluie, dans les champs. A la lisière du boqueteau sont les tombes fraîches de nos camarades. On a écrit les noms des soldats sur les bras des petites croix ; à l'extrémité pendent leurs képis rouges.

La section qui doit être relevée nous attend dans l'ombre du bouquet de pins. Une fois de plus, le changement hâtif, la descente dans l'abri obscur, la bousculade et les disputes pendant que les hommes se placent dans le noir. Un vent glacial balaye la galerie souterraine. Quelqu'un frotte une allumette et tente de rallumer, avec la paille du sol, les cendres qui couvent çà et là dans les trous pratiqués dans le mur. Le sergent l'arrête avant qu'il n'aille bien loin. Il fera bientôt jour, moment où les volutes de fumée bleue ne doivent pas être vues au-dessus des pins.

Pendant que nous nous installons, une voix brusque de commandement nous interpelle à travers la porte. Formellement interdit de sortir pendant le jour. C'est une sinistre confirmation des bruits du péril de notre situation. Certainement, frissonnant ici dans l'obscurité inaccoutumée, la perspective des six jours qui nous attendent n'est pas réjouissante.

Guerre des tranchées ! Que représente ce mot « tranchées » pour ceux qui le lisent continuellement dans les communiqués, par curiosité — ceux qui n'y ont pas d'intérêt ; ceux aussi dont le cœur est au front et qui le lisent avec angoisse ? Probablement beaucoup de ce qu'il aurait évoqué pour moi avant la guerre — une espèce de fossé ouvert à toutes les eaux, où les soldats avaient à combattre dans l'eau jusqu'aux genoux — comment ils dormaient et comment ils mangeaient étaient autant de questions que je ne me posais pas... Certainement, la condition des combattants n'est rien de semblable, encore que, par ailleurs, le confort et la construction perfectionnée de quelques-uns de ces ouvrages de défense — tels que j'en ai vu décrits par des soldats dans leurs lettres chez eux — soient des modèles que, moi du moins, je n'ai jamais eu la bonne fortune d'habiter.

L'abri de tranchées ressemble plus à des catacombes qu'à n'importe quoi. Une longue galerie est taillée dans le sol avec des pics et des pelles. Ses dimensions sont à peu près celles des cages que

Louis XI avait imaginées pour ceux de ses prisonniers qu'il souhaitait spécialement de torturer, c'est-
à-dire que la hauteur n'est pas suffisante pour permettre à un homme de se tenir debout et la largeur
ne lui laisse pas la place de s'allonger.

Au pied d'un mur tortueux, les soldats sont assis
pêle-mêle, étroitement serrés, coude à coude. Ils
fument, mangent des morceaux de pain sec ou regardent vaguement le mur en face d'eux. Leurs
jambes sont entortillées dans des couvertures, leurs
têtes dans des cache-nez. Pendus ou empilés autour
d'eux, occupant chaque pouce de l'espace supplé-
mentaire, sont les fusils, les sacs, les cartouchières
et autres équipements. Un affreux courant d'air
balaye la place. On remarque, à la fumée de tabac et
à la buée de la respiration, avec quelle rapidité il
la traverse. Le sol est recouvert de paille, dans
laquelle prospère la vermine. La paille est toujours
collée par la boue laissée par les chaussures, qui en
arrivent chargées et partent propres. Pour avoir de
la paille fraîche, nous faisons quelquefois une patrouille, pendant la nuit, dans les faubourgs d'un
village en ruines, en face de nos lignes, et nous prenons ce dont nous avons besoin dans une étable
déserte. En ce moment, c'est notre distraction la
plus passionnante.

Le toit de la cagna a été construit en couchant de
longues solives sur le sommet de l'excavation ;
abattre des arbres pour ces couvertures occupe une
grande partie de nos intervalles de repos. De la perfection avec laquelle ces poutres sont couvertes avec
de la terre, dépendent le confort et la sécurité de
la tranchée. Des treillages d'osier sont souvent posés
en travers des poutres ; des mottes de gazon sont
fixées de façon à faire une couverture serrée, et
ensuite le sommet est recouvert de terre. C'est une

protection efficace, excepté contre les obus les plus lourds. Si le toit est mal fait, avec des branches par exemple, la pluie s'écoule à travers et rend l'existence encore plus pénible à l'intérieur.

Quand les lignes s'étendent rapprochées l'une de l'autre, les soldats dorment dans les simples tranchées et tirent à travers de petits trous dans le mur de la tranchée-abri. Généralement il y a de la place pour construire des tranchées en avant de l'abri ou tout du long. Il y a une section d'une compagnie d'infanterie pour chaque tranchée et, entre les tranchées, il y a de profonds boyaux de communication.

Une escouade est restée en arrière dans les bois pour nous apporter les provisions quotidiennes. Avec le lever du jour elle arrive et la distribution s'effectue. De grosses boules de pain sont passées dans la ligne ; chaque homme prend sa ration d'une demi-boule. Il y a une boîte de sardines pour deux hommes. Une tasse de café, un petit morceau de fromage, une tablette de chocolat, doivent nous durer toute la journée, jusqu'à ce que l'obscurité permette à une autre escouade de quitter la tranchée pour descendre chercher la soupe du soir. Après la nourriture, viennent les nouvelles. On ne sera jamais assez reconnaissant au Gouvernement de si bien tenir les soldats au courant des nouvelles. Elles sont données quotidiennement sur la ligne de feu.

Le court jour d'hiver s'est levé. Sa faible lumière tombe à travers les portes étroites et tout est clair maintenant dans la cagna surpeuplée. Le son des voix devient de plus en plus faible à mesure que les hommes s'enveloppent dans leurs couvertures et s'endorment, un par un, exténués par la nuit de veille. Je n'ai jamais pu faire cela et j'ai toujours lutté contre le sommeil du matin, car, dans notre vie dans l'obscurité et le froid, je trouve qu'un faible rayon de lumière, même s'il ne passe qu'à travers la porte étroite d'une cagna, est indispensable pour illuminer les heures de réflexion ! Habituellement, j'attends jusqu'à ce que le premier « Ss... pam, pam, pam » de shrapnell éclatant au-dessus de nos têtes marque l'ouverture du travail quotidien des artilleurs, pour me laisser tomber dans le sommeil.

L'odeur des treillages d'osier et des branches dans la boue sur la couverture de la tranchée, me rappelle les odeurs de Christmas dans les maisons américaines, décorées de verdure pour les jours de fête. L'odeur de la poudre des shrapnells tue le souvenir des jours de fête. J'ose dire que Christmas se passera ici sans apporter aucun changement dans notre genre de vie. La crête insolente de l'autre côté de la vallée sera toujours là, défiant l'acier de venir la prendre, et nous continuerons à attendre, aussi patiemment que nous le pourrons, la venue du jour où il nous sera ordonné d'avancer contre les obus et le fer de l'invisible ennemi. Ce sera un heureux jour pour nous tous, car l'inaction dans le manque de confort porte en elle-même plus de terreur que les obus et les baïonnettes.

JOURNAL

22 décembre 1914.

Retournés à Cuiry après cinq jours de tranchées. Serons ici, semble-t-il, jusqu'à Christmas. De grandes choses semblent se tramer. Bruits d'avance générale en préparation. La nuit dernière, violente canonnade et fusillade tout le long de la ligne : la première à 8 heures environ, la seconde à minuit, juste après que j'étais revenu de ma garde. Espère que cela signifie action.

Etais dans une ferme voisine aujourd'hui et, attendant que le café fût chaud, ai manqué le rassemblement de la compagnie à midi ; puis avoir des ennuis pour cela plus tard, mais cela m'a au moins donné un après-midi de liberté. Un après-midi de beauté mémorable, temps doux, ensoleillé, et le plus ravissant des ciels bleus. Me suis assis tout joyeux sur un tas de betteraves, dans un champ derrière Cuiry. Il est si rare de pouvoir s'en aller seul pour jouir d'un peu de solitude et d'avoir le temps de réfléchir sans être troublé ! Je n'oublierai jamais la beauté de ce paysage d'hiver, le ciel délicat, les petits villages sous leurs toits fumants. Je me sens parfaitement heureux et content. Cette vie me plaît ; il peut y avoir la guerre pour de nombreuses années en Europe et je continuerai d'être soldat aussi longtemps que la guerre durera.

31 décembre 1914.

Passé un « Christmas » unique et agréable à Cuiry, rendu plus brillant par des amis de Paris, pleins d'attention, qui nous avaient envoyé, à tous, des paquets remplis de différentes choses bonnes à manger ou utiles. Le jour de Noël, lui-même, fut un des plus beaux des jours froids de l'hiver. Levé tôt et monté jusqu'à la ferme sur le versant de la colline, blanche de givre. Café chaud et pain. Beauté de l'aurore, paysage blanc et village embrumé. Plaisir d'ouvrir les paquets et de lire les lettres dans le grenier à foin. Après la soupe du matin, rassemblement et marche au travail. Mais je fis de nouveau l'école buissonnière et, m'échappant avec mon fusil sur l'épaule, je m'en allai seul jusqu'à Beaurieux (non sans risques considérables). Le soldat à qui j'avais donné mon linge la semaine précédente avait été transféré à Beaurieux et, comme il était absolument nécessaire d'avoir de quoi se changer, j'étais obligé d'agir sans trop de scrupules. Splendide promenade à travers les champs ensoleillés. Fait à B... ce que j'y avais à faire et déambulé joyeusement à travers la ville, achetant les quelques petites choses que j'avais à acheter et causant avec des soldats d'autres régiments. Au cantonnement au coucher du soleil. Fait chauffer « plum-pudding », fait du chocolat après dîner et resté debout tard, en causant à la lueur de la chandelle, dans le grenier.

5 janvier 1915.

Nous avons quitté les tranchées du Moulin et sommes retournés à Cuiry, le soir du Jour de l'An. Passé là quatre agréables jours. Le Jour de l'An, nous nous levâmes avant l'aurore et l'on emmena toute la section prendre un bain. Nous marchâmes vers Maizy, puis changeâmes de direction au canal de l'Aisne. A un certain endroit, plusieurs milles au-dessus de celui où les poteaux indiquent seize kilomètres jusqu'à Berry-au-Bac et trente-quatre jusqu'à Soissons, nous arrivâmes à une grande raffinerie de sucre. Là il y a de parfaites facilités pour se baigner et chaque homme eut une bonne douche en pluie chaude et, ensuite, le tuyau d'eau froide tourné vers lui, s'il le désirait. Sur un chaland amarré le long du canal, une femme nous vendit du café chaud et aussi du pain. Cette petite excursion fut une agréable diversion, nous sortant, pour un moment, du cercle étroit dans lequel nous avions été obligés de nous mouvoir au cours des deux mois passés.

J'avais toujours eu grande envie de visiter la petite ville voisine de Chaudardes, dont le clocher pitto-

resque pointe au-dessus de la colline, à quelques
kilomètres seulement à l'Est. C'était une bonne occasion; aussi, dans l'après-midi, par un ciel radieux
et un temps suave, je m'y dirigeai. La petite église
se trouvait être exquise, à la fois par ses lignes et
par la patine de ses vieilles pierres. Elle n'avait pas
été profanée, comme la pauvre petite église de
Cuiry, où les Légionnaires sont maintenant régulièrement cantonnés, dormant sur les bancs, mangeant
sur l'autel et provoquant quelquefois le rire en
tournant vulgairement en dérision le culte catholique. Au contraire, tout était net et bien tenu à l'intérieur. Il n'y avait personne là quand j'y entrai,
excepté un soldat du 36° qui jouait parfaitement sur
le petit orgue. Je restai assis longtemps à l'écouter
dans la paix du petit intérieur blanc et bien lavé.

Déambulant plus tard à travers le village, je me
cognai contre un autre soldat en chandail noir avec
un drapeau américain épinglé sur ce chandail. Je
lui fis remarquer en l'accostant que c'était le drapeau de mon pays et ainsi faisant s'ébaucha une
charmante connaissance d'un jour. Il paraît que cet
homme, qui était un Alsacien, était devenu passible
du service militaire dans l'Armée Française, mais,
étant parti pour les Etats-Unis à l'âge de quatorze ans,
il y avait échappé. Il fut amnistié cependant à condition d'être mobilisable en cas de guerre. C'est pourquoi, voyageant sur le Continent quand les hostilités éclatèrent, il s'en fut immédiatement à son dépôt
à Caen, lorsque la mobilisation fut proclamée, et
fut incorporé au 36° de ligne. Il fut fait cuisinier
pour le mess des sous-officiers, fonction qu'il exer-
çait lorsque je le rencontrai. Il m'emmena faire un
tour à la cuisine et, comme son bataillon devait partir ce soir-là pour les tranchées, et que la soupe était
avancée pour cette raison, il me fit rester et me

servit un repas chaud avant mon retour à Cuiry. Il me donna aussi toutes sortes de provisions et m'emmena dans une ferme où je rencontrai un jeune sergent qui parlait bien l'anglais. Nous prîmes le café ensemble et il me raconta beaucoup d'anecdotes sur les tribulations du 36°. Je retournai à Cuiry au coucher du soleil.

A SON PÈRE

11 janvier 1915.

Après des semaines d'inaction dans les tranchées, où le danger d'attaque fut insignifiant et où il n'y eut rien de pire à redouter que le feu constant de l'artillerie, notre compagnie fut envoyée la dernière fois dans le petit village de C..., partie la plus dangereuse du secteur que nous tenons, un endroit où les lignes sont trop rapprochées de la crête occupée par les Allemands pour être menacées par le bombardement, mais où les patrouilles descendent chaque nuit et harassent nos avant-postes, manière la plus énervante de faire la guerre. Presque quatre jours sans sommeil ; désignation continuelle pour le petit-poste ; quelquefois douze heures sur vingt-quatre de garde dans les plus dangereuses positions. Ce fut au cours de l'une d'elles que je me trouvai, pour la première fois, en contact immédiat avec l'ennemi, dans une affaire des plus malheureuses. Je montais la garde derrière le mur du parc d'un château, avec un camarade, quand une patrouille se glissa en rampant de l'autre côté et jeta par-dessus une grenade à main qui siffla un moment à nos pieds et s'en alla sans exploser. Sans crier « Aux Armes ! », je laissai l'autre sentinelle sur le lieu, je descendis au petit poste à cent mètres environ, et j'appelai le caporal de garde. Nous retournâmes ensemble sur le lieu et nous étions à peine arrivés, quand une autre bombe tomba en explosant au milieu de nous, avec une effroyable détonation. Dans la confusion qui s'ensuivit, la partie attaquante se précipita sur la porte qui couvrait une brèche dans le mur à cet endroit et versa une décharge parmi nous, tuant net notre caporal et s'en allant avant que nous ayons eu le temps de tirer un seul coup.

Le 20 il y aura trois mois que nous sommes au front. Il y a des rumeurs persistantes d'après lesquelles à cette date, nous devons être envoyés au repos, à Orléans, pour quelque temps.

Les Anglais et les Belges du régiment s'en vont dans leurs armées respectives, et le bataillon doit être réorganisé d'une manière générale...

IV

5 FÉVRIER 1915

L'Anniversaire du Kaiser. — Un village désolé. — Les châteaux
en ruines. — Une cave vide. — Une bibliothèque intacte. — Les
hallucinations d'une sentinelle. — Le confort d'une cave. — Un
coup d'audace.

Au « New-York Sun »

5 février 1915.

Nous voici de retour au cantonnement après huit
jours sur la ligne de feu. C'est notre plus longue
période sans relève. La raison ? l'anniversaire du
Kaiser. Nous nous attendions à n'être pas tranquilles
ce jour-là et il y avait beaucoup de raisons pour
cela. Il avait été question d'un mystérieux papier
jeté dans les lignes, portant l'avertissement qu'une
attaque générale devait être faite ; et dans les nuits
calmes d'hiver, derrière la crête hostile, le bruit
continuel de trains éloignés et de moteurs pouvait
s'entendre, indiquant une concentration le long de
la ligne.

La nuit dernière je fus posté en sentinelle. Dans
un ciel clair, la lune, presque à son plein, baignait
les pentes des collines, rendant la circulation impossible aux patrouilles. Pas un coup de fusil ne fut
tiré. Un silence sinistre confirmait toutes les craintes

que quelque chose était en train. A minuit, une batterie française, derrière nous, rompit le calme brutalement et ironiquement en tirant douze fois de suite par-dessus la crête, comme vœux d'anniversaire. L'ennemi ne répondit pas et ainsi la longue nuit se passa ; le jour vint et s'écoula sans incident pour nous. Le coup avait été frappé sur quelque autre point de la ligne. Nous qui étions de garde, nous pouvions voir encore, éparpillés pitoyablement le long du sommet de la crête opposée, les corps des soldats français qui gisaient là, depuis septembre, quand le magnifique élan de la bataille de la Marne vint finalement se briser sur cette morne côte. Depuis lors, des deux côtés, on s'est toujours regardé en face sans risquer les périls d'une nouvelle attaque. Une fois de plus, nous avons été déçus dans notre espoir d'action, mais cela ne saurait durer longtemps.

La plus grande transformation a eu lieu dans notre vie ici, dernièrement. Dans ma dernière lettre, je décrivais les jours et les nuits du soldat dans les tranchées et j'ai peur d'en avoir fait une peinture bien sombre, quoique nullement exagérée. Pendant le dernier mois, cependant, nous n'avons pas vécu du tout dans les tranchées, mais dans un village en ruines. Cela a été beaucoup plus romantique. Le long de la vaste ligne de bataille qui va de Belfort à la mer, chaque régiment a son secteur de quelques kilomètres à défendre. Le nôtre est un coin de champ et de forêt en face de la crête semi-circulaire du plateau où l'ennemi est retranché — un bon point d'appui à une extrémité du croissant. Ici les soldats vivent dans des abris de terre, parmi toutes les mauvaises conditions de confort que j'ai décrites précédemment. Mais, au pied de la colline, correspondant exactement à la position de la scène dans un théâtre grec, se trouve le village de C... De tous les différents points du secteur qui nous a été assigné, on peut voir ses maisons délabrées et son grand château brûlé. D'autres compagnies, cependant, ont tenu le secteur pendant un mois, jusqu'à ce que notre tour soit revenu.

Ce fut pendant la pleine lune du mois dernier que nous entrâmes dans C... pour la première fois. Je n'oublierai jamais les faits impressionnants de cette entrée furtive et silencieuse. Nous avions quitté notre cantonnement à minuit. Cinq ou six kilomètres à travers la forêt, et la route aboutit à un charmant pays découvert, rempli de vergers. Les murs clairs et les toits de tuiles pointus de la typique petite ville française se découpaient au clair de lune en silhouettes aiguës sur le versant noir du plateau. Dans notre marche de Mailly au front, je m'étais familiarisé avec la tragédie de ces jolis centres de paix et de bonheur, désolés par la guerre. Mais aucune de ces scènes de ruines, que nous avions traversées, n'atteignait l'horreur du spectacle que nos yeux rencontrèrent ici.

Il n'y avait pas eu de destruction générale à C..., il est vrai, parce que les Allemands n'avaient pas eu le temps de l'incendier comme ils l'ont fait systématiquement partout où ils l'ont pu ; mais il n'y avait littéralement pas une maison qui n'eût été criblée par les shrapnells ou éventrée par les marmites de mort qui étaient tombées là, dans un feu digne de l'enfer. Nous frayant un chemin à travers les débris qui jonchaient les rues, nous défilâmes à travers cette image de désolation qui fait toujours un fond si frappant à une colonne d'infanterie en marche.

Pauvres villages en ruines du nord de la France ! Ils sont là, comme autant de jardins mortuaires, silencieux, et chaque maison est la tombe du bonheur de quelque famille dispersée ! Où sont ces populations des campagnes, simples, aimant la paix, qui demeuraient ici, quand chaque fenêtre était un carré de lumière jaune projetée par la lampe, et non, comme maintenant, vide comme les trous d'une tête de mort ? Les hommes sont au loin, à la guerre ou déjà dans la tombe ; les femmes et les enfants, réfugiés dans le Sud, à la merci de la charité. La tristesse de tout cela, c'est que les canons français ont fait, et devaient faire, ces dommages matériels.

Quand les Allemands attaquèrent en août, il n'y eut pas de résistance à leur avance, mais ils furent chassés en septembre, talonnés par l'artillerie. Il est effroyable de penser qu'à ce prix seulement les Français peuvent regagner leur territoire envahi. Si l'ennemi doit être rejeté au delà de la frontière, cela signifie-t-il que toutes les villes et tous les villages doivent être mis en ruines ? L'alternative est épouvantable...

A C... notre cantonnement est des plus pittoresques. Il y a là les caves des deux châteaux du village. Les soldats ont pu y apporter de la paille, du charbon et des bougies et, avec un bon toit au-dessus de leur tête, à l'abri des obus et de la pluie, ils ont pu savourer un degré de confort tout à fait exceptionnel pour une position où le déclic des Mauser allemands, quand ils visent des sentinelles, semble à nos portes et où la mitrailleuse, placée sur le versant de la colline, pourrait racler la porte même de notre cave, n'étaient les bosquets environnants.

Le grand château a été complètement brûlé. Rien ne reste que la charpente. Elle s'élève au milieu d'un immense parc, aux bois épais, dont le mur, long de plusieurs kilomètres, fait partie de notre ligne de défense. De jolis sentiers séparent les bosquets touffus. Il y a des bancs çà et là, des fontaines et des tonnelles. La pelouse, qui entoure le château, descend en pente, par derrière, jusqu'à un charmant petit lac artificiel. Tout ici parle de la plaisante retraite de quelque riche homme de goût. Devant l'édifice en ruines, vraiment seigneurial dans ses proportions, sont des pins séculaires. Rien ne pourrait être plus romantique dans une nuit de lune, que l'aspect de ces murs silencieux, étincelant parmi ces grands cônes noirs ; rien de plus étrange que le bocage muet dans lequel on n'est jamais tout à fait sûr que le mur du parc vous sépare complètement de l'ennemi en train de ramper.

Le petit château est dans la ville même, entouré de dépendances peu considérables. Il a été criblé à jour par le bombardement, mais pas incendié. Il est assez étrange qu'un pillage de six mois n'ait pas commencé à diminuer le butin qui jonche ses parquets jusqu'à la hauteur du genou. Là, tout ce que possédait une famille aisée, gît éparpillé, comme s'il se fût retiré des armoires, buffets et bureaux. Des draps et des taies d'oreillers sont pêle-mêle avec des photographies de famille et des lettres, dans un chaos plein de désordre.

Le plus émouvant pour moi fut la collection de cartes postales d'une petite fille, cartes de tous les coins de l'Europe, avec leurs petits messages d'amitié ou leurs formules de politesse. Mais plus précieux me parut ce qui restait d'une bibliothèque de toute beauté, la dernière chose qui vaille la peine d'être violée pour les mains brutales qui ont saccagé tout le reste et n'ont pas laissé une bouteille de vin dans la ville entière.

Là, entassés tels qu'ils étaient avant l'invasion, je trouvai, joliment reliée, la collection immaculée des œuvres de Rousseau, Voltaire, Corneille et Racine. Le vent et la pluie, qui soufflaient à l'intérieur, à travers les immenses brèches des murs, ne les avaient pas encore endommagés le moins du monde. Ils étaient aussi frais que le jour où ils quittèrent les fameuses presses du commencement du XIX° siècle, dont ils étaient les exemplaires les plus choisis.

J'emportai quelques-uns de ces volumes, estimant que le pieux devoir de sauver un vieux livre, voué sans cela à une destruction certaine, pouvait m'absoudre de la gravité de la faute dont un tel acte me rendait coupable.

La position avancée que nous tenons dans ce village et le fait que nous sommes très en avant de nos propres batteries, réduit au minimum le danger du feu de l'artillerie. Quelques obus, en fait, sont tombés sur C..., de temps à autre, mais seulement quand un groupe de soldats s'expose sans nécessité. Mais chaque nuit des patrouilles descendent des hauteurs et nous sommes excédés de cette guerre de ruse et de surprise, de traîtrise et de procédés sournois, qui est ce qu'il y a de plus fatigant pour les nerfs les plus solides. Dans ces conditions, être en sentinelle ce n'est pas une simple formalité, cela signifie un grave danger, une terrible responsabilité. Et, sachant que la garde ne saurait être trop sévère à cet endroit, nous sommes tous forcés de subir l'épreuve du petit poste avec une fréquence démoralisante.

Le « petit poste » est le poste avancé qui fournit les sentinelles les plus proches de l'ennemi. Sa composition et son arrangement général peuvent varier suivant les circonstances, mais ordinairement ce sont les suivants : au lever du jour, une douzaine d'hommes et un caporal sortent de la position et s'installent derrière les abris grossiers, ou les défenses, qui ont été construits. Pendant le jour, la garde est simplement de deux hommes qui veillent deux heures ; la nuit, cependant, le poste est divisé en trois petits postes de quatre hommes chacun. Ceux-ci sont, à leur tour, partagés en relèves de deux qui alternent à intervalles d'une ou deux heures, comme il leur plaît, de façon que chaque homme a six ou sept heures de garde au cours de la nuit. Au lever du jour, l'escouade entière est relevée à son tour, car le piquet est toujours de vingt-quatre heures au petit poste. Pendant ce temps, de garde ou non, personne n'est censé dormir.

Pour nous, qui sommes régulièrement logés maintenant dans les caves du château, la garde tombe habituellement à certains points, le long du mur du parc. Au coucher du soleil, nous prenons position à une porte, par petits groupes de quatre, sur un échafaudage élevé à l'intérieur, ou dans une petite tranchée creusée à l'extérieur. « Etre de garde » signifie rester, les nerfs tendus, observant dans le noir l'immensité qui vous fait face ; comme délassement, s'enrouler dans une couverture, aller et venir pour secouer l'envie de dormir, ou battre la semelle pour chasser le froid.

Quand la lune, ou la lumière des étoiles, permet de voir à quelque distance, dans le verger, le champ ou les boqueteaux extérieurs, la tâche n'est pas si désagréable. Mais quand le ciel est couvert et que l'obscurité complète permet à la menace rampante d'arriver à quelques mètres de ce poste, la sentinelle se crée mille dangers imaginaires.

A mesure que la nuit s'écoule, l'énervement s'accroît. L'ouïe et la vue vous procurent d'étranges hallucinations. Sûrement quelqu'un chuchote à côté, dans l'obscurité ; ou bien c'est un sifflement sourd, ou tel signal en usage entre les hommes en patrouilles. Un coin d'ombre dans la nuit prend une forme et semble se mouvoir ; une silhouette humaine se détache d'un tronc d'arbre. Un coup de fusil part, à côté, le long du mur ; alors la main de la sentinelle se crispe sur son fusil.

Le soupçon même d'un bruit, un rameau qui se brise ou une pierre qui roule, peuvent l'émouvoir au point de lui laisser entendre les battements de son cœur. Et ainsi, le doigt sur le chien du fusil, les nerfs tendus, il attend, suffisamment alarmé pour entretenir l'illusion, mais assez maître de lui pour ne pas faire feu jusqu'à ce que le but soit certain.

« Plus que lui qui languit après l'aurore. » Je n'ai jamais senti la force de ce vers comme au cours des interminables quatorze heures de ces nuits d'hiver ! Le jour est annoncé maintenant par l'étoile du matin. Dans les dernières heures de l'obscurité, parmi les constellations d'été qui commencent juste à paraître, la superbe planète se lève, merveilleuse et resplendissante. Peu de temps après, le miroitement vert de l'aurore s'étend comme un manteau sur l'Orient ; le paysage commence à devenir visible ; les coins d'ombre se révèlent dans l'innocence de leurs détails. Le petit groupe d'hommes retourne au poste central. Voici l'escouade de relève qui arrive avant que les étoiles aient complètement disparu, et les guetteurs fatigués sont libres de retourner au château.

Si l'épreuve a été dure, la compensation est exquise. J'ai déjà dit que le confort que nous avons dans les caves du château dépasse de beaucoup celui des tranchées. Dans ces cantonnements souterrains, complètement dissimulés à l'ennemi, rien ne nous empêche d'allumer autant de bougies qu'il nous plaît. Les caves du village nous fournissent le charbon dont nous avons besoin ; ses greniers sont toujours pleins de superbes gerbes de paille, pas encore battue, telles qu'elles ont été liées à la mi-été dernier. Grâce au petit lac du parc, qui est à notre portée, il nous est enfin possible d'être propres. Ces commodités élémentaires nous ont permis de nous sentir parfaitement chez nous, sous la grande voûte de pierre de cette demeure ruinée.

Ici, à l'heure qui suit l'aurore, la scène, très animée, est pittoresque. Un par un, les petits postes rentrent. Les hommes jettent leurs sacs à terre, et, à la lumière de la bougie, arrangent leur place pour la journée et suspendent leurs fusils et leurs équipements. La longue tension nerveuse trouve un apaisement dans le brouhaha des conversations. « Avez-vous tiré ? » « Que signifiait la décharge à tel lieu et à tel moment ? » Cent questions s'échangent tandis que les camarades, rassemblés, cherchent à réunir les incidents de la nuit. Peut-être les nôtres ont-ils été en patrouille, et le récit des aventures de ces hommes est anxieusement sollicité et écouté.

Pendant ce temps, la distribution des aliments s'effectue. Un petit coup de café chaud attend les soldats qui reviennent du petit poste au matin. Le soldat touche aussi sa ration quotidienne de vin qui, chauffé avec un peu de sucre, est une excellente potion pour dormir. Mais plus précieuse est la petite mesure de « taffia » ambré, ou rhum doux, qui est parcimonieusement distribuée dans les tranchées seulement et au front. Il n'y a rien de tel pour vous ranimer l'esprit après une nuit dans le froid. Une délicieuse langueur s'insinue dans tous les membres. Graduellement la conversation se ralentit ; une à une, les bougies sont soufflées ; le soldat prépare soigneusement sa couche, fait traîner ses préparatifs en longueur, comme s'il voulait connaître, dans toute sa plénitude de délices sensuelles, la félicité du moment où l'on s'endort.

Combien tous les raffinements de confort que permet la paix paraissent insipides en comparaison ! Bien que nous devions y revenir de nouveau, nous ne penserons jamais sans émotion au luxe qu'il y avait dans ces jours, où nous devions donner un gros effort, mais où notre santé était robuste, à ce coucher après une nuit de garde sur la paille, dans la cave au fond de notre château en ruines.

Or, la vie à C... est infiniment plus pittoresque, plus intéressante et plus confortable que dans les tranchées ; cette dernière est pourtant le lot de la plus grande partie des troupes, le long du front de bataille actuel. Ce qu'on gagne sous ce rapport on le perd au point de vue de l'exaltation. Le village, en lui-même, est sans importance stratégique, de telle sorte que la possibilité d'une attaque en masse sur ce point est moindre que sur la plupart des autres. La position des Allemands sur le plateau au-dessus est si forte que, d'une part, ils n'ont aucune raison de vouloir l'améliorer ici et, d'autre part, les Français ont à faire des choses plus avantageuses que de risquer un assaut de front. Donc, leurs lignes sur ce point n'ont guère plus d'utilité que de maintenir le contact avec celles de l'ennemi ; leurs réels travaux de défense, si besoin était, se trouvant bien en arrière. Ce terrain n'a pas été très disputé et il y a beaucoup de latitude pour circuler entre les lignes. Les hommes sont confinés dans les abris souterrains, pendant le jour, à cause de l'artillerie qui tonne continuellement tout autour ; mais un petit nombre peut encore sortir la nuit et poursuivre des méthodes de guerre plus primitives et plus passionnantes. Si l'inaction prolongée devient trop exaspérante, il y a toujours cette chasse nocturne à l'homme, pour rompre la monotonie et il ne manque pas de volontaires pour cela. La forme la plus simple de ces exercices de nuit est ce que nous appelons « tirer un petit poste ».

Sous les grands pins, dans le parc du château, nous laissâmes un petit tertre surmonté d'une croix, la première fois que nous revînmes de C... Dans la guerre moderne les chances de prouesses individuelles sont si réduites qu'on doit accorder son admiration à l'homme qui peut en accomplir d'une manière quelconque, même si c'est un ennemi. Et ce fut un petit coup d'audace bien conçu et bien exécuté qui nous coûta la vie de notre caporal, la première nuit que nous passâmes au château.

La troisième relève venait juste de partir ; deux sentinelles avaient été placées à un endroit du mur où la brèche faite par un obus avait été rudimentairement barricadée. On avait laissé dans le trou une ouverture suffisante pour surveiller la vue des approches de la colline, d'où une attaque pouvait être entreprise ; mais sur le terrain placé immédiatement de l'autre côté, aucune vue n'avait été réservée.

La lune venait de se lever. Les sentinelles avaient eu à peine le temps de reconnaître leur poste, quand une grenade tomba juste à leurs pieds. La fusée crépita une seconde et passa sans avoir explosé. Un bolide tombant du ciel n'aurait pas pu étonner davantage les deux hommes. Ils comprirent avec une certitude écœurante que l'ennemi avait approché sans qu'ils s'en fussent aperçu et se tenait là à deux mètres en avant, sans qu'ils pussent risquer un coup pour leur défense personnelle. C'était un moment où la décision rapide était nécessaire. Des modes d'action qui se présentaient aucun ne sembla vraiment satisfaisant ; faire feu était inutile, parce qu'aucun angle possible ne commandait le terrain juste derrière le mur ; appeler aux armes aurait pu précipiter le danger qui, tant qu'il restait en suspens, offrait une meilleure chance d'être conjuré. C'est pourquoi, laissant son camarade à la brèche, la sentinelle mobile descendit en courant jusqu'au petit poste, qui était seulement à cinquante mètres environ le long du mur, et appela le caporal de garde, l'avertissant de ce qui était arrivé.

Un peu incrédule, le vieux soldat boucla son équipement, prit son fusil et, précédant la sentinelle, gravit le chemin jusqu'à la barricade. Avant qu'il eut le temps d'arriver, une autre fusée apparut en tournoyant rapidement au-dessus du mur, au même endroit. Comprenant le danger, il cria à la sentinelle qui était restée de se sauver. Il avait à peine achevé de parler quand la bombe éclata. Se tournant vers le petit poste, le caporal cria : « Aux armes ! » Ce furent ses dernières paroles. Presque simultanément avec l'explosion de la grenade, les ennemis se précipitèrent à la barricade, tirèrent à travers la fumée, et s'enfuirent avant que, de l'autre côté, les hommes, stupéfaits, aient eu le temps de riposter. Ils tiraient bien, car, presque à la première balle, le vieux vétéran du Maroc et du Tonkin tomba, frappé à la tempe, et ne bougea plus.

Cette nuit-là, il n'y eut pas beaucoup de différence au petit-poste entre les deux heures de garde et les deux heures de repos. Chacun était en alerte, tenu en haleine par l'appréhension, mais rien ne se produisit et, d'ailleurs, il n'y avait aucune raison de supposer qu'il arriverait quelque chose. A minuit environ, seulement, venant de loin sur le versant de la colline, un cri diabolique nous parvint, plus semblable à celui d'un animal qu'à celui d'un homme, un hurlement qui nous glaça le sang dans les veines, hurlement d'ironie et d'exultation.

Dans ce cri toute l'évolution des siècles était anéantie. Il me sembla entendre le hurlement du guerrier de l'âge de pierre, tenant sous lui son ennemi abattu. C'était un de ces antidotes à la civilisation, comme cette guerre en offre de si nombreux à ceux qui recherchent des sensations extraordinaires.

V

17 FÉVRIER. — 24 MARS 1915

L'arrêt. — « Je l'ai échappé belle ! » — Types variés de Légionnaires.
Une promenade. — Manœuvres. — *La Marseillaise*.

A SA MÈRE

17 février 1915.

Vous avez tout à fait tort de croire que je ne me
rendais pas compte de ce que je faisais, quand je me
suis engagé. Je n'avais pas vécu deux ans en Europe
sans arriver à comprendre parfaitement la situation,
et je n'avais pas l'illusion que le conflit, qui devait
décider du sort des empires et refaire la carte d'Europe, serait une affaire de quelques mois. Je savais
que ce serait une lutte à mort, comme l'a été notre
guerre civile. Le conflit, loin de diminuer, semble
s'étendre. Le calme pendant l'hiver a permis à chaque
adversaire de se fortifier sur ce front, si puissamment que, à mon avis, nous sommes bloqués ici à
perpétuité.

Sur le front oriental, les Russes, sous la direction
des Français, peuvent être capables d'accomplir
quelque chose, mais jusqu'ici les Allemands semblent
avoir eu le dessus. La solution la plus simple à envisager est l'entrée de l'Italie dans les hostilités, ce
qui pourrait avoir le même effet que l'entrée en ac-

tion de la Roumanie dans la guerre des Balkans. Mais, personnellement, je ne puis en voir actuellement la fin ; cela viendra probablement par d'autres influences que celles des opérations militaires et ceci est tout à fait imprévu maintenant. En tout cas, je ne m'attends pas à être libéré cette année...

La rumeur de notre départ pour Orléans le 20 janvier s'est évaporée dans les airs. Maintenant, c'est pour le 27 février, à Vincennes. Quelqu'un a suggéré que cela signifie en réalité le 29 février. Mais j'espère que nous aurons bientôt un petit changement d'air. Je vais m'arrêter maintenant parce qu'il est difficile d'écrire au milieu d'une conversation de Tour de Babel.

A son Père

26 février 1915.

Nous sommes restés six jours ici dans les tranchées au-dessus des ruines du village de C... et à mi-hauteur de la colline où sont les lignes de l'ennemi. C'est le poste le plus avancé que nous ayons tenu jusqu'à présent. Nous ne craignons pas une attaque ici, mais le danger des patrouilles en quête de mauvais coups nous a maintenus en alerte ces dernières nuits. Garde toute la nuit, sommeil tout le jour, tel a été le programme. La lune a rendu l'entreprise bien moins grave qu'elle ne l'eût été par des nuits obscures. Ces postes avancés sont réellement les moins dangereux, parce qu'on n'est pas exposé au feu de l'artillerie, que l'on peut dormir tout le jour en paix, ou, se tenant sur la porte de l'abri, guetter les obus causant des dégâts dans les lignes de l'arrière.

On tira sur moi il y a quelques jours, alors que je revenais de sentinelle. Je m'étais exposé environ deux secondes à un point où le boyau de communication n'est pas assez profond. Un de ces bons tireurs qui ne cessent de faire du bruit avec leur Mauser contre quiconque montre sa tête, arriva à deux doigts de m'attraper. La balle effleura juste mon bras, déchira la manche de ma capote et me fit sur le biceps une ecchymose qui est toujours douloureuse, mais la peau ne fut pas éraflée et la blessure n'était pas assez sérieuse pour me faire quitter les rangs.

Les Allemands sont merveilleux. On entend leurs fusils à quelques mètres seulement ; on a la sensation qu'ils vous menacent tout le temps et cependant on ne peut jamais les voir. La dernière nuit seulement, quand la lune descendit derrière la crête, elle silhouetta la tête de deux sentinelles dans leur grande tranchée sur le sommet.

Le bruit continue à circuler que nous devons être relevés et envoyés dans une position de troisième ligne, pour nous reposer pendant quelque temps. Cela fait quatre mois maintenant que nous sommes sur la ligne de feu, — quatre mois avec le bruit du canon continuellement dans les oreilles. La dernière rumeur est que le 18ᵉ corps d'armée, dont nous sommes l'une des unités, doit être remplacé par une division des nouvelles troupes anglaises... J'aimerais un petit changement, mais je commence à me résigner à cette vie et à accepter avec indifférence tout ce qui arrive. Je ne vois pas de fin à cet état de choses : cela peut continuer pendant des années...

*Au dos d'une carte postale illustrée,
représentant l'infanterie française traversant C...*

3 mars 1915.

Voici l'air que nous avons quand nous marchons l'arme à la bretelle. Après six jours de repos, nous retournons dans les tranchées cette nuit. Dans quelques semaines nous espérons être passés en revue par le général Joffre, après quoi nous retournerons probablement à une position de deuxième ligne, au repos. Il n'y a aucune chance de travail sérieux avant cette époque ; nous sommes juste guetteurs de nuit à présent, ce qui ne me plaît pas, mais doit réconforter maman.

A sa Mère

12 mars 1915.

A partir d'aujourd'hui ni lettres, ni correspondance d'aucune sorte ne passera jusqu'à nouvel ordre. Comme cette règle semble s'appliquer à tous les régiments, elle est probablement motivée par des raisons militaires. Mais si cela n'était causé que par un article désagréable comme celui de..., que vous m'avez envoyé, ce ne serait pas trop sévère. Je pense que je n'ai pas besoin de vous dire que cet article est simplement une basse plaisanterie, d'un esprit qui trouve drôle de dire des mensonges. Si ces mensonges ne faisaient rien de pire qu'amoindrir ses camarades qui sont ici pour des motifs qu'il est incapable de comprendre, ce serait seulement déshonorant. Mais quand cela en arrive à jeter le discrédit sur le Gouvernement Français, qui, dans sa façon de nous traiter, a été plus généreux qu'on aurait jamais cru qu'il fût possible, c'est trop honteux pour être caractérisé par aucun mot. Cet homme, ainsi que de nombreux autres de son espèce, fut éliminé de nos rangs, il y a longtemps, car une personne que nulle noble cause ne soutient, est la première à succomber aux souffrances de l'hiver que nous avons eu à supporter. Misérable et défaillant, incapable de sentir aucune émotion généreuse ou de concevoir aucun noble idéal, il fut des premiers à succomber en face de la souffrance et, maintenant qu'il peut se chauffer les pieds dans le confort de la civilisation, il lâche la bride à son sens perverti de l'humour américain, et ce sont ses camarades restés en face du danger et de la souffrance qui doivent supporter l'opprobre qu'un tel acte jettera sur le nom d'« Américain », aussitôt qu'il sera porté à la connaissance des autorités.

J'aurais depuis longtemps tiré sur la corde pour passer dans un autre régiment n'était, comme je vous l'ai dit, et comme je m'y attendais, que les épreuves de l'hiver nous ont assez bien débarrassés des spécimens défectueux et que les dépôts nous ont envoyé, pour les remplacer, des hommes qui sont des hommes et auprès desquels on est fier de combattre.

Nous avons de nombreux Belges avec nous ici. Quelques jeunes Français vinrent avec le dernier renfort ; ils devaient commencer leur service cette année, ou la prochaine, et se trouvèrent pris dans les provinces conquises quand les Prussiens y vinrent. L'un d'eux fut prisonnier dans Lunéville pendant trois semaines, jusqu'à ce que les Français y fussent revenus et en eussent chassé l'envahisseur. Un autre était le plus jeune de six garçons, dans une petite ville près de Valenciennes. Ses cinq frères furent mobilisés au début de la guerre. Quand les Allemands occupèrent son village, il fut fait prison-

nier avec tous les autres jeunes gens en âge de servir et employé pour creuser des tranchées pour ses
oppresseurs. Il s'arrangea pour s'échapper une nuit,
dans le brouillard, et traverser les lignes. Il ne lui
restait pas d'autre alternative que de s'engager dans
la Légion, car tous ses papiers étaient perdus. Ses
parents sont restés dans le village qui est encore
aux mains des Allemands. Si vous pouvez vous représenter cette mère, dont les six garçons sont dans
l'armée française, sans qu'elle ait eu de nouvelles
d'aucun d'eux depuis août, vous aurez quelque idée
de ce que l'on endure par ici.

Au « New-York Sun »

Sur l'Aisne, 24 mars 1915.

Parmi tant d'heures dans la vie du soldat que la
guerre moderne rend monotones et prosaïques, il en
est aussi où le cœur exulte, plein d'enthousiasme, et
qui compensent largement toutes les souffrances et
les fatigues. Tel fut l'après-midi de la revue que
nous passâmes l'autre jour devant le général de notre
corps d'armée.

Toute la matinée nous travaillâmes, dans la grange
où nous sommes cantonnés, à effacer de notre fusil,
de notre équipement, de nos vêtements et de nos
personnes, les traces de notre semaine dans les tranchées, d'où nous revenons à peine. A midi, sous le
plus beau des ciels de printemps, nous sortîmes du
village au nombre de deux bataillons.

Elle était agréable cette petite promenade qui nous
faisait sortir, pour un instant, de l'étroite circons-
cription dans laquelle nous sommes strictement confinés, et nous permettait de jeter de nouveau un coup

d'œil sur le monde extérieur dontnous avions été isolés depuis si longtemps et si complètement. Là, les plus petites choses étaient nouvelles et charmantes, — traverser des paysages, des villages inconnus, regarder de nouveau des femmes et des enfants, voir des automobiles et sentir des bouffées de benzine qui ont le tout-puissant pouvoir d'évoquer les souvenirs et de nous rappeler la vie que nous avons laissée loin, si loin derrière nous ! En contraste avec la sinistre solitude et l'arrêt de la vie qui règnent tout le long du front, ici, aussitôt que l'on est hors de la zone battue par le feu de l'artillerie, tout est animation et opérations affairées. Le long des chemins, se trouvaient les camps de mécaniciens et les dépôts remplis de matériel pour la défense et pour les travaux militaires : piles de bois, ponts du génie démontés, rouleaux de fils barbelés, en nombre infini, milliers de pioches et de pelles neuves et bien conditionnées, qui provoquaient les grognements des hommes qui passaient devant, car la remarque de César, disant que la pelle lui avait fait gagner plus de batailles que les épées, reste curieusement vraie dans les guerres galliques d'aujourd'hui, aussi loin du moins qu'a été notre expérience.

Les routes étaient débordantes de vie ; des wagons massifs et des équipages de mules se confondant avec des camions automobiles au bruit de tonnerre, et les autobus parisiens dans leur important travail de ravitaillement ; motocyclistes bourdonnants, allant et venant avec des dépêches ; officiers chics renversés dans les profondeurs de luxueuses limousines qui furent un temps l'orgueil des boulevards. Tandis que sur la ligne de feu, chaque unité a la terrible sensation d'être détachée, ici, rassurés, nous pouvons sentir la nation travailler derrière nous et voir fonctionner les rouages puissants de ce grand et complexe système dont nous sommes seulement les ultimes pointes de pression, dans le puissant effort général.

Pendant quinze kilomètres, à peu près, nous marchâmes vers l'arrière par monts et par vaux, chantant les chansons de route du soldat français, le long de canaux bordés de peupliers où les grandes péniches sont installées, à travers de pittoresques villages où les civils, rentrés dans leur territoire reconquis, venaient sur leur porte et nous acclamaient au passage. Une fois, nous arrivâmes auprès d'un groupe de prisonniers allemands, travaillant aux routes. Ils avaient l'air propre et bien soigné et prirent en bonne part le flot de nos plaisanteries tandis que nous défilions auprès d'eux.

Sur le plateau ensoleillé, nous fûmes rejoints par les deux bataillons de relève du régiment, qui tenaient le secteur à notre gauche, et nous fûmes tous rangés dans la plaine, en colonnes de section par quatre. Un beau spectacle. Nous n'attendions pas depuis longtemps lorsque le général apparut sur notre route. Il était superbement monté et suivi par un dragon, portant les trois couleurs à sa lance, et par une douzaine de cavaliers. Quatre mille baïonnettes étincelèrent dans l'espace tandis qu'il passait devant nous, à cheval. Alors la musique attaqua la marche du 2ᵉ chasseurs et nous défilâmes en parade à ses émouvants accents au-dessous de cette vivante statue équestre, qui se découpait en silhouette sur une petite éminence. Au même moment, un grand monoplan armé s'éleva avec fracas des champs voisins et commença à faire des cercles au-dessus de nos têtes pour nous protéger de l'attaque de quelque aéroplane hostile auquel nos rangs serrés offraient un but si tentant.

De nouveau nous reprîmes nos positions et, pendant que les états-major conversaient, nous mîmes nos fusils en faisceaux, déposâmes nos sacs et rompîmes les rangs. Je profitai de l'occasion pour me mettre à la recherche d'un soldat du ...⁶ et apprendre quelque chose sur le genre d'existence qu'ils mènent sur le plateau, à notre gauche. Elle est beaucoup plus palpitante que la nôtre, paraît-il. Leur position est d'une importance stratégique considérable, de sorte que les lignes s'étendant à une portée de cailloux l'une de l'autre, l'on sape et l'on mine sans discontinuer. Le bruit des coups de fusil ne cesse pas sur cette crête et les nuits sont illuminées continuellement par la lueur des fusées de magnésium. Comme si la menace de voir la tranchée sauter sous leurs pieds, à tout moment, n'était pas une preuve suffisante, la proximité des lignes sur ce point soumet les soldats français au feu des « minenwerfer », ou lance-bombes, ces engins de destruction qui sont une des nombreuses nouveautés introduites par la prévision allemande dans la guerre actuelle. Les projectiles, comme je l'ai compris, sont lancés par un canon à ressort, et non par la force explosive, de telle sorte qu'il n'y a pas de bruit quand ils partent du canon. Une sentinelle se tient dans les lignes françaises avec un sifflet; chaque fois qu'elle voit arriver une de ces bombes elle donne l'alarme et quiconque dans les tranchées se trouve dehors, plonge dans l'abri le plus rapproché jusqu'à ce que la terrifiante explosion soit passée. Heureusement, le feu de ces machines ne peut être pointé avec beaucoup d'exactitude.

Je demandai à ces soldats s'ils avaient été attaqués récemment et ils me décrivirent leur dernier engagement, un assaut typique de cette sorte de lutte désespérée qui se livre à ces points de contact, le long du front. Un fossé a été creusé précé-

demment au bord même de nos lignes de fils de fer
barbelés. Pendant des heures avant l'attaque, les
tranchées sont submergées sous un feu d'artillerie
si intense que les Français sont dans l'impossibilité
de se maintenir dans leurs premières lignes de
défense, mais doivent rester dans les galeries de
communication, attendant le moment décisif.

Soudain les canons se taisent et simultanément
les troupes ennemies se déversent hors du fossé, à
trente ou quarante mètres en avant. Certains portent
des pinces pour couper les fils, d'autres tiennent le
fusil dans la main gauche et, avec la droite, arrosent
la tranchée de grenades qu'ils tirent d'un sac pendu
à leur épaule ; les Français se ruent vers leurs créneaux, le ronflement des fusils et des canons éclate
et une brève et féroce lutte s'ensuit ; c'est simplement une question de vitesse et de quantité de balles
qui peuvent être déchargées dans un nombre donné
de secondes et aussi la rapidité et la quantité
d'hommes qui, dans le même temps, peuvent être
lancés contre les positions.

L'attaque en question fut un échec complet et eut
pour seul résultat d'augmenter encore la quantité de
morts qui restent ou qui tombent dans cette bataille
continuelle qui, sur ce point, s'est livrée sans répit
depuis six mois avec des alternatives de succès, ne
pouvant être, en aucun cas, évaluées à plus qu'à des
fractions de cent mètres. Avant que j'aie eu le temps
d'obtenir de mon camarade du ...° des détails sur
cette affaire, l'ordre « Sac au dos » courut parmi
les rangs. « Baïonnette au canon ! », « Présentez
armes ! », passa de capitaine à capitaine. De nouveau l'éclair de quatre mille baïonnettes et, tandis
que les bataillons se tenaient là, silencieux et immo-
biles, la musique entonna la *Marseillaise*.

Aux premières mesures des accents familiers les

chevaux mêmes sentirent la vague d'émotion qui ondulait au-dessus du camp et hennirent en accompagnement. Il y avait quelque chose de sublime en tout cela, à une telle place et en de semblables circonstances. Inconsciemment nos lèvres formaient les mots du merveilleux chant, instinctivement nos yeux se tournaient vers le Nord. Là-bas, sur les remparts les plus distants des collines dénudées, était la ligne blanche atténuée qui marquait les tranchées des ennemis, et, deux cents, cent cinquante mètres au-dessous, les nôtres, où les camarades de nos bataillons alternants étaient engagés dans l'instant même, dans le hideux conflit, poussant toujours en avant, obstinément, désespérément, héroïquement :

Quoi, ces cohortes étrangères
Feraient la loi dans nos foyers !

Comme chaque phrase du chant de 1792 s'appliquait merveilleusement à la situation de 1915 !

Entendez-vous, dans nos campagnes,
Mugir ces féroces soldats ?

Ce fut la même crise, la même passion ! Puissent nos cœurs, à l'heure de la suprême requête, être enflammés par le même enthousiasme qui les remplissait, tandis que nous étions là, sur le plateau ensoleillé, écoutant l'hymne de bataille de l'Armée du Rhin !

Nous étions tous exaltés quand nous reprîmes le chemin du retour ce soir-là. Nous prîmes un raccourci à travers la campagne, car il faisait déjà assez sombre pour parcourir sans danger le champ où nous passâmes, exposé alors aux feux de l'artillerie éloignée. Le dernier miroitement du couchant étincelait sur la verte vallée, illuminant d'une splendeur flamboyante les méandres de la rivière, tandis que nous avancions sur le coteau et regagnions notre cantonnement. L'on sentait un souffle de printemps et l'on se comprenait à la veille de grands événements.

Et cette nuit-là, dans notre grange éclairée aux chandelles, nous débouchâmes des bouteilles de champagne pétillant. De nouveau les accents de l'hymne noble s'envolèrent de nos lèvres. Et, choquant nos coupes de fer blanc réglementaires, sentant encore puissamment en nous l'enchantement de l'après-midi, nous les élevâmes tous ensemble et nous bûmes « au jour ».

VI

15 AVRIL. — 28 AVRIL 1915

A SA SŒUR

Écrit au crayon sur les feuilles volantes des Confessions *de J.-J. Rousseau, Genève, MDCCLXXXII.*

15 avril 1915.

Nous revenons juste de passer six jours à C..., où nous avons été cantonnés dans les caves du petit château que j'ai décrit dans ma dernière lettre au « Sun ». Nous avons passé là une très agréable semaine, neuf heures de garde de nuit dans nos postes avancés sur le versant de la colline; pendant le jour, sommeil, allées et venues dans les villages en ruines, flâneries dans les jolis jardins du château, ou lecture dans la bibliothèque. Nous l'avons nettoyée maintenant et c'est une sensation tout à fait curieuse de s'y reposer dans un fauteuil, lisant quelque vieux livre précieux en prenant tout juste la précaution de ne pas se tenir devant les fenêtres sans vitres, à travers lesquelles d'habiles tireurs peuvent vous atteindre de leurs postes dans les fourrés, sûr les pentes du plateau, à moins de six cents mètres. Parfois notre artillerie ouvre le feu et alors vous posez votre livre pour un moment et, regardant à travers un créneau, guettez les 75 et les 120 qui lancent en l'air des nuages de poussière et des monceaux de débris, tout le long de la ligne de tranchées de l'ennemi.

Voici un volume de la bibliothèque ; j'espère qu'il deviendra l'un des trésors de vos étagères. Ce doit être une très ancienne édition, sinon la première, des *Confessions*. Vous voyez que c'est seulement la première moitié, publiée probablement avant que l'ouvrage fût complet. Je n'ai jamais lu les *Confessions*, si ce n'est à bâtons rompus, mais j'aime passionnément les *Promenades* que vous y trouverez jointes, spécialement la cinquième, sur l'île Saint-Pierre.

Le printemps est venu enfin ici et nous avons un temps très beau. Je vais aller nager dans l'Aisne, cet après-midi, pour la première fois. En bonne santé et de bonne humeur...

AU « NEW-YORK SUN »

Sur l'Aisne, 28 avril 1915.

J'ai remis d'écrire dans l'espoir que quelque chose arriverait ici d'assez palpitant pour rendre la lecture de ma correspondance réellement intéressante. Le *Times* de Londres donne de vigoureux récits de la bataille de Neuve-Chapelle et les articles du *Matin* et du *Journal* contiennent des rapports personnels d'hommes qui ont vu l'action dans la Woëvre et en Champagne. A côté de ceux-ci, pleins de la réelle saveur de la bataille, que peut dire quelqu'un qui dépend de ces unités restées inactives, dans l'attente, se préparant pour les grands événements que le printemps prochain rend de plus en plus imminents.?

Pourtant ces unités forment en réalité la grande majorité des forces actuellement sur le front, comme l'indique le peu d'importance des brefs communiqués officiels, et une description de notre vie pendant cet intermède peut avoir au moins l'intérêt d'être le type de celle de la plus grande partie des quelques millions de camarades français et anglais.

Mon ami serbe me racontait l'année dernière comment à certaines périodes de l'histoire de son pays, il y avait une classe de soldats qui restaient continuellement mobilisés à la frontière, toujours sur le pied de guerre, prêts à défendre leur territoire. C'était les « Granichari », autour desquels l'imagination populaire a construit tout un cycle de poèmes et de romans. Au moyen de feux-signaux ils avertissent de l'approche des Turcs. Comme nous, qui sommes toujours de garde dans les tranchées de réserves, en alerte pour la fusillade qui signifierait l'appel aux armes de la compagnie, il me semblait qu'il y avait beaucoup de rapports avec la situation actuelle en France; seulement, alors que dans la Vieille-Serbie, ces défenseurs étaient un corps d'hommes choisis, ici c'est en somme la population mâle tout entière qui fait un mur vivant à travers le pays qu'elle a pour mission de protéger ou pour lequel elle doit mourir.

Sur cette ligne, notre situation est à peu près aussi agréable qu'il est possible avec l'état de guerre, état que vraiment nous sommes souvent capables de presque oublier. Notre manque de confort des premiers temps était largement dû à l'ignorance et à une incapacité de nous adapter nous-mêmes aux conditions d'une sorte de guerre qui, même pour les vieux soldats parmi nous, était une nouveauté. Six mois nous ont appris à tous beaucoup de choses ; notre vie est arrangée maintenant avec une régularité méthodique et procède selon un roulement établi. Par un système de relève par alternance des bataillons, notre temps est réglé comme suit : six jours dans les tranchées de première ligne, six jours de repos à notre village de cantonnement à dix kilomètres en arrière ; puis six jours en réserve dans les bois ; de nouveau six jours dans le village et la routine continue. Ainsi nous avons trois espèces d'existence distinctes. Je veux vous donner une description de chacune d'elles.

Des trois périodes, chacun de nous convient que les postes avancés sont de beaucoup les plus agréables ; d'abord, nous sommes presque débarrassés du bombardement, étant placés sous un angle difficile à atteindre de la crête ennemie. Ensuite — ce qui est encore plus important — nous sommes entièrement exempts de corvées. Le soldat n'élève aucune objection contre le danger qui est son lot, mais il proteste énergiquement contre le dur travail consécutif à cette guerre de tranchées, qu'il sent n'être pas du tout son affaire, mais bien celle du génie, dont le nombre, toutefois, est tout à fait inadéquat à l'immensité de la tâche. Le plus agréable de notre vie ici est dû à ce fait que le secteur de notre compagnie n'est pas un terrain découvert, mais dans le village en ruines que je vous ai décrit dans ma dernière lettre et où il nous est possible de nous procurer un confort dont nos camarades des tranchées doivent se passer.

A C... quelquefois, nous sommes logés dans une petite bâtisse qui fut anciennement l'étable ou le garage du petit château. Pendant la nuit, chacun monte la garde dans les tranchées, sur le versant de la colline ; pendant le jour, la sentinelle fournie par un simple poste est suffisante, ce qui permet aux autres de savourer le repos complet et la liberté.

Au crépuscule, nous nous assemblons dans la cour du château, avec nos couvertures et nos toiles de tentes, et nous allons rejoindre nos postes. Quelques-uns d'entre eux sont dans un cimetière qui se trouva être sur le chemin de la ruée de la bataille de l'Aisne. Les Allemands qui battaient en retraite ont dû faire un temps d'arrêt derrière les tertres et les pierres tombales, car l'endroit a été effroyablement bombardé. Les obus, qui ne respectent même pas les morts, ont détruit les monuments et violé les sépultures. Des quantités de chlorure de chaux, répandues à profusion, sont un remède qui ne vaut guère mieux que le mal, et les rats, aussi gros que des lapins, qui courent sous les banquettes et les parapets, vous ôtant l'envie de vous coucher entre les gardes, font que ces postes sont les moins désirables de tous.

Meilleures sont les tranchées plus avant, à flanc de coteau, où, dans le calme des nuits, troublé seulement par hasard par une fusillade ou par la double détonation du canon, l'on peut contempler à son aise le vaste panorama qui s'étend au-dessous, obscur sous les étoiles environnantes ou émergeant dans la pâle lueur de splendides aurores.

Plus avant sur la pente, les voix de l'ennemi sont distinctement perceptibles. Ces magnifiques horizons sont encore plus visibles pour eux et je me demande souvent avec quels sentiments ils les regardent. Ils pénétrèrent une fois au delà de ces crêtes extrêmes, avant que notre victoire de la Marne les eût rejetés sur ce plateau amèrement disputé, parsemant de leurs morts les champs et les bords des routes qui

les séparent. Là, au-dessous d'eux, vers le sud —
tentant, provoquant — s'étend presque coquettement,
le riant royaume de France et, par delà les collines
qu'empourpre le couchant, Paris ! Violateurs déjoués,
est-ce le regret d'une irréparable défaite qui emplit
leurs longues veilles ou l'espoir d'entreprendre un
autre assaut mieux réussi ?

Maintenant tous nos avant-postes, ainsi que nos
moindres lignes de défense, sont protégés par des
retranchements de fils de fer barbelés derrière lesquels nous pouvons nous reposer en toute sécurité,
à l'abri des surprises qui nous coûtèrent des existences aux premiers jours de la campagne. Les Allemands n'ont pas moins fait de leur côté. En somme,
de tous côtés, la nuit résonne du bruit des marteaux
tapant sur les pieux et, dans la tranquillité de sa
veillée solitaire, la sentinelle imagine avec stupeur
de combien de vies chaque armée paiera la tentative
de briser la ligne que sept mois de travail continuel
ont fortifiée de toutes les défenses meurtrières que
l'ingéniosité peut inventer.

A 3 heures du matin maintenant le levant commence à pâlir et, une heure après, les postes peuvent
rentrer. Ramassant nos couvertures, nous nous précipitons vers le bas de la colline à travers le cimetière et nous regagnons le château, à la limite du
village. Une heure de conversation animée s'ensuit,
tandis que la distribution quotidienne est faite et
que les places sont prises dans la paille. Puis on
fait une agréable sieste jusqu'à ce que le cri de
« soupe ! » nous appelle tous dehors de nouveau vers
11 heures.

Au cours des longs après-midi nul n'a le désir de
dormir. Les chauds rayons du soleil inondent le jardin clos du château. Là, les oiseaux chantent et les
bourgeons s'épanouissent. A l'abri des habiles tireurs

du haut de la colline, on peut écrire, coudre, nettoyer son fusil et son équipement, ou procéder aux cent petites choses qui emplissent les heures d'oisiveté du soldat. Ou bien, l'on peut se promener dans le château, en passant à travers un trou d'obus dans le mur; grimper jusqu'au premier étage par un escalier nivelé par les débris et, se frayant un chemin à travers le désordre des planchers branlants, découvrir la petite bibliothèque, où de magnifiques livres emplissent encore les casiers. Là, on peut lire, dans les conditions les plus étranges que l'on puisse imaginer, les *Confessions* de Rousseau ou l'*Histoire de Charles XII* de Voltaire.

Le soir du septième jour, quand nous devons être relevés, nous allons dans le village et en rapportons des charges de grain non battu que les faucheuses mécaniques américaines ont lié en petites bottes des plus commodes. Nous les attachons sur nos sacs pour les emporter au village, à l'arrière, pour nous coucher. J'étais curieux de connaître le poids que nous portions pendant ces marches et, trouvant un poids de vingt kilogs, je mis une planche en bascule et je le plaçai à l'autre bout. Sac, cartouchière et piolet l'emportèrent ; outre cela, il faut ajouter un fusil, deux musettes pendues sur chaque épaule et deux bidons. Mais on est si endurci par une campagne d'hiver qu'on peut porter ce poids d'environ soixante livres pendant dix kilomètres (six milles) tout du long d'une route sablonneuse, avec une seule halte, et l'on ne s'en trouve pas plus mal après.

Notre vie, pendant les six jours à l'arrière, est calculée de manière à contrebalancer l'effet des six jours d'inaction forcée au front. Cela signifie principalement travail et exercices dans les champs. Il y a toujours un après-midi d'exercices de tir où après de nombreuses périodes dans les tranchées sans avoir un but, c'est un plaisir d'entendre parler le Lebel et de donner une preuve de sa propre adresse.

Dans une grande raffinerie de sucre abandonnée, quelque huit ou dix kilomètres plus bas dans la vallée, d'agréables douches chaudes ont été organisées pour toutes les troupes comprises dans cette section et une marche jusque-là, avec des savons et des serviettes, revient à chaque visite à l'arrière, grandement appréciée par tous.

Quoique ces retours hebdomadaires à l'arrière soient un soulagement après l'effort du travail aux avant-postes, l'élément danger n'est pas réellement éloigné car le village est encore sous le feu de l'artillerie, bien que caché par une crête intermédiaire. Les obus y tombent à l'occasion en sifflant, surtout comme représailles pour quelque mésaventure sur la ligne de feu. Ainsi le dépôt du régiment sur notre droite, qui avait balayé un poste allemand quelques jours plus tôt, fut bombardé l'autre soir. Le coquet village dont la vieille église gothique s'élève au-dessus de la verte crête, à un mille à l'est de nous, fut voilé pendant une demi-heure dans des nuages de fumée noire et par la poussière produite par les explosions dans les rues étroites. Un obus qui, une nuit par hasard, passa à travers le toit d'un bâtiment où un régiment d'artillerie était cantonné dans notre village, coûta plus d'existences au régiment qu'il n'en perdit pendant toute la retraite de Belgique.

La troisième période — celle des tranchées de réserve, dans la forêt, à un mille en arrière de la ligne de feu — comprend les six jours que l'on envisage généralement avec le moins de plaisir. C'est parce qu'il incombe aux compagnies en réserve de travailler aux défenses, et ce labeur est infini. Là, nous vivons dans des abris creusés dans la terre, comme toutes les tranchées, le fond couvert de paille rapportée de C... et le toit fait de sacs surmontés de branches et de terre.

Quoique la semaine en seconde ligne soit la période du travail le plus dur, elle est aussi celle qui comporte le plus d'attraits, car les compagnies en réserve sont aussi celles qui fournissent les patrouilles de reconnaissances nocturnes. Patrouilles ! Comme les cœurs battent quand on entend le mot circuler au cours de l'après-midi et que l'on apprend qu'on a été choisi pour y prendre part. Echapper au confinement éternel des tranchées, aller à l'affût dans la zone périlleuse entre les lignes, là où la mort peut ramper dans chaque fourré et où l'incertitude vous environne aussi étroitement que la nuit, courtiser le danger pendant plusieurs heures sous un beau ciel étoilé, voilà le seul souffle de véritable romanesque qui pénètre dans la monotone routine de la guerre de tranchées.

J'avais toujours pensé que, en un sens, cette tâche de patrouilles nocturnes était celle qui exigât le plus grand effort nerveux parmi tous les devoirs du soldat. Dans les grandes actions où les camarades combattent coude à coude on est environné de toutes sortes de stimulants et de soutiens extérieurs. Chaque homme est l'appui de son voisin, il y a l'encouragement muet ou formulé et, porté sur une vague de contagieux enthousiasme, l'individu n'agit plus par lui-même, mais en masse, et chacun est aussi brave que le plus brave. En outre, on voit clair, on sait de quel côté vient le danger et à peu près ce que l'on a à attendre et, ordinairement, on a amplement le temps de se préparer et de réunir toutes ses forces pour recevoir le choc.

Pour un homme de la petite compagnie rampant

de sang-froid sur un champ de bataille, tout cela manque. La menace point de tous côtés, derrière chaque tournant l'embuscade peut être dissimulée ; on ne peut compter sur rien si ce n'est sur son propre sang-froid. Avançant sur un terrain parsemé de cadavres, le soldat affronte dans chaque ombre la possibilité de la soudaine décharge qui l'étendrait raide parmi eux. C'est une forme d'aventures qu'un vrai sportsman apprécie.

Nous partîmes quinze hommes il y a quelques nuits, pour reconnaître un nouveau fossé apparu sur le haut du coteau, sous les lignes allemandes. La lune à son premier quartier, presque entièrement voilée de nuages, rendait les conditions favorables. Nous nous en allâmes vers 9 heures, marchant deux par deux, sous le chemin boisé de C... Encore une fois, le passage familier à travers ses rues barricadées, entre ses murs criblés et ses toits squelettiques, puis nous gravîmes la colline par un fossé de communication avec les tranchées avancées. Ici, quelques brèves instructions furent données et le chef de poste fut avisé de prévenir ses sentinelles de notre sortie. Et ainsi nous traversâmes les fils de fer barbelés, nous lançant pour ainsi dire, par-dessus cette houle, de la sécurité terrestre dans le périlleux inconnu au-delà.

La nuit était chaude et sans brise. Il y avait des arbres fruitiers sur toute cette partie du versant de la colline ; ils étaient ennuagés de fleurs vous rappelant des images japonaises. Mais une autre odeur se mêlait à celle des fleurs tandis que nous avancions, une odeur qui, concentrée pendant l'hiver, devient de plus en plus intense et pénétrante à mesure que la chaleur augmente. Parmi les brises d'avril, parfumées d'amour et de renouveau, elle s'insinue, écœurante antithèse, âcre, pénétrante, excitant à la folie et à la férocité, comme l'autre à la tendresse et au désir — odeur de charogne et de mort.

Nous n'avions pas fait cinquante pas lorsqu'ils nous apparurent, troublantes reliques de la grande bataille qui se termina ici le 20 septembre dernier, alors que ces coteaux étaient baignés de sang. Depuis ce jour, quand nos lignes actuelles furent établies, pas un être vivant ne s'est risqué en plein jour sur cette surface et, ceux très rares qui l'ont traversée pendant la nuit, faisaient partie de patrouilles fugitives comme la nôtre. Quoi d'étonnant alors à ce que les morts soient restés comme ils sont tombés au cours de la lutte, sept mois plus tôt. Sans forme, sombres masses, à mesure que l'on s'approche d'eux sous la faible lumière lunaire, ils se précisent soudain à quelques pas, dans leur humanité défigurée et, en se penchant pour regarder on peut distinguer des bras et des jambes et, enfin, ce qui est le plus indescriptible, les traits.

Isolés, en tas ou en files, ils sont couchés dans des attitudes d'héroïsme ou d'effroi, d'angoisse ou de pitié, quelques-uns protégeant leur tête avec leur sac de l'avalanche de shrapnells, plusieurs tenant dans leur main le petit pansement individuel avec lequel ils voulurent tenter de panser leur blessures. Soldats français et allemands, tous semblables, entassement rigide d'habits imbibés de sang emplissant les fourrés, détrempés par la boue des champs de betteraves, nus et exposés à l'entour des tranchées, sur les plus hautes pentes désolées et, parmi les sacs, les fusils brisés et tous les débris qui parsèment le champ de bataille.

Le coup d'œil est bien propre à vous décourager la première fois, mais on s'y accoutume vite et l'on arrive à regarder ces images de mort sans plus d'émotion que les douilles de cartouches vides parsemées

autour d'eux et qui, vraiment, en un sens, leur res-
semblent ! Ayant accompli sa mission, l'enveloppe
matérielle reste tandis que sa vitalité a été dispersée
dans l'univers, pour participer à de nouvelles combinaisons de l'éternelle conservation d'énergie — ce
qui est la foi du scientifique — et de l'immortalité
du beau dans la personnalité humaine — ce qui est
la foi du poète.

En général, nos patrouilles évitent autant que
possible les collisions inutiles qui, ainsi que les décrit
le *Manuel Anglais*, « ne remplissent aucun but, provo-
quent des représailles et perturbent le gros des forces ». Mais, naturellement, l'on court toujours le
risque de se jeter dans une patrouille ennemie et
cela arrive fréquemment, ainsi que l'indiquent les
soudaines fusillades le long du versant du coteau.
Si une patrouille s'aventure auprès d'un poste ennemi
à qui elle est signalée, les soldats lancent une fusée,
— une des nombreuses innovations allemandes dans
cette guerre, qui démontrent leur supériorité de préparation. Le flamboiement répété de ces fusées dans
la nuit souligne de lueurs blanches les fronts de
bataille qui traversent le continent.

Ils ont deux variétés perfectionnées, toutes deux
bien meilleures que les nôtres, qui ont fait récemment leur apparition sur ce point du front. L'une
est simplement une balle de magnésium ou de cal-
cium enflammée qui se lance comme la balle d'une
chandelle romaine : son éclat commence juste comme
elle atteint le sommet de sa courbe, et dure à peine
le temps de sa lente chute, éclairant ainsi toute la
campagne environnante d'une lumière intense pendant plusieurs secondes. L'autre est de la même
sorte, seulement elle dure plus longtemps. Elle est
projetée par un lance-bombes, du côté de la zone
suspecte, d'où vient le vent. A la hauteur d'environ

cent pieds il se produit une légère explosion qui sert à libérer la boule lumineuse, ingénieusement suspendue à un petit parachute. Elle flotte ainsi horizontalement, portée par le vent au-dessus du terrain dangereux, durant de nombreuses minutes et illuminant la campagne à des kilomètres alentour, avec une intensité telle que chaque brin d'herbe peut être vu. Quand cela se produit, les patrouilleurs s'abattent sur tout ce qui peut leur servir d'abri ou, se couchant parmi les morts, échappent du mieux qu'ils peuvent au repérage.

L'avance d'une patrouille est forcément lente et la plus grande partie du temps se passe à plat ventre par terre. Votre position vous place assez souvent près d'un cadavre, la curiosité peut dépasser vos scrupules et ainsi vous pouvez rapporter des souvenirs qui feront le lendemain l'admiration des camarades — des fusils ennemis ou quelque autre insigne... Un voleur bien connu parmi nous rapporta cinq paires de souliers neufs, qu'il avait trouvées attachées au sac d'un allemand, l'autre nuit.

La plus intéressante variété de trouvailles que j'aie vue fut celle de lettres prises sur un cadavre allemand, en haut de la colline, et qu'un homme rapporta il y a quelques nuits. C'étaient des cartes postales, datées de la fin d'août et du 1ᵉʳ septembre dernier. J'aurais souhaité qu'il me fût possible de les copier textuellement afin que vous pussiez partager un peu mon émotion devant le contraste de ce pauvre débris d'humanité, couché là-haut dans l'herbe, et des preuves si vivantes des liens qui l'attachaient autrefois à la terre. C'était exactement l'*Après-Sedan* d'Austin Dobson. Les cartes, étonnamment intactes, étaient adressées à un certain « Muskatier Maier » de Strasbourg, au 136ᵉ régiment d'infanterie bavaroise, si je m'en souviens bien.

Elles portaient en tête « Mein lieber Bruder », « Lieber Sohn », — simples petits messages familiaux empreints de la fierté paternelle, de l'amour d'une sœur, des angoisses d'une mère. Bien loin d'ici, dans quelque village allemand, ils ont depuis longtemps trouvé son nom sur les listes de disparus. Mais bientôt, par mesure d'hygiène, nous irons, pendant la nuit, enterrer les corps les plus rapprochés de nos lignes et jamais les parents ne connaîtront les circonstances de la mort du disparu, ni la place où se trouve sa tombe anonyme.

Patrouiller, c'est la seule manière de conquérir des lauriers en l'absence actuelle de combat, et la petite équipe qui s'y livre a des aventures sans fin qui font le sujet des conversations au camp, pour les jours suivants. Il y a sept semaines, des déserteurs polonais arrivèrent dans nos lignes et nous donnèrent des informations précieuses. Cette nuit-là, la patrouille qui sortit laissa le menu de ce jour pour les prisonniers, fixé aux fils de fer barbelés, en face d'un poste allemand. Quelques jours après, une autre patrouille passant dans le même coin, trouva une corbeille dans laquelle les allemands avaient placé deux bouteilles de bière de Munich, une boîte de cigarettes, du chocolat, des sandwiches et d'autres échantillons de leur ordinaire qui, il faut le dire en toute justice, n'étaient pas mauvais. Sur le dessus, se trouvaient trois lettres adressées à nous, « Chers Camarades », rédigées en excellent français. Le ton en était infiniment poli. Ils y disaient qu'ils étaient restés tout l'hiver en face de nous et qu'ils comprenaient que nous étions de vieux amis maintenant, quoiqu'ils n'eussent jamais vu aucun de nous, excepté à la portée de nos balles. Ils disaient encore qu'ils avaient lu dans nos journaux des récits qui les montraient souffrant de la faim et que c'était pour cela qu'ils joignaient à leurs lettres ces spécimens de leur ordinaire de chaque jour pour nous montrer ce qu'ils avaient réellement à savourer.

Le reste des lettres exprimait tout à fait les mêmes sentiments que celles qui sont fréquemment lancées, à l'aide d'arcs et de flèches, sur d'autres parties des lignes françaises : à savoir que si nous désirions la paix, la seule chose que nous avions à faire était de sortir et de faire des signes; que l'Angleterre est leur unique ennemie; pourquoi la France continuerait-elle de combattre et de supporter de terribles pertes, pour retirer du feu les marrons de l'Angleterre? Ils espéraient que la paix serait signée rapidement et qu'une amitié et une alliance s'ensuivraient entre la France et l'Allemagne, ce qui les laisserait libres d'agir contre l'Angleterre qui, par son égoïsme et son avidité, est réellement l'ennemi commun de l'humanité entière. Ils avaient trois postes mobiles dans les bois là-haut, disaient-ils, et connaissaient chacune de nos tentatives d'approche (ce que je ne crois pas), mais ne tiraient pas, se contentant de nous signaler de l'un à l'autre et d'attendre.

Le feu, en tous cas, devient de plus en plus rare le long de la ligne en comparaison de ce qu'il était pendant l'hiver, quand les Mauser et les Lebel crachaient toute la nuit. Je ne doute pas que si nous devions rester ici encore longtemps dans les mêmes conditions, il se produirait une sorte d'entente tacite de ne pas tirer sur les avant-postes et que cela créerait une zone neutre ; il se développerait un commerce subreptice entre les sentinelles, ainsi que cela se produisit dans les dernières années de notre guerre civile, comme je l'entendis raconter par des vétérans. Car l'évolution de l'hostilité opère naturellement dans le sens du chevaleresque et non dans celui de la férocité implacable. Les hymnes de haine, le ressentiment et la rancune sont le fait des non-combattants dont l'animosité a le temps de s'accroître, dans le calme des méditations, à l'abri du bruit du canon.

Le sens de la grandeur de la tâche à accomplir est trop fort dans l'esprit du combattant actif pour qu'il laisse s'y implanter des pensées aussi ignoblement basses. Sans frapper du tout moins durement, quand vient l'heure, le soldat est toujours prêt aussi à faire l'éloge de son ennemi quand il le mérite, et il est assez heureux de pouvoir dire de lui ce que disait le vieux romancier espagnol à propos des plus mortels ennemis de son pays :

> Caballeros granadinos,
> Aunque moros, hijos d'algo.

VII

10 MAI. — 15 JUIN 1915

Le *Lusitania*. — Fusées éclairantes. — L'approche du printemps.
— Dangers de la vie de tranchées. — Un imminent changement
de scène. — En marche. — Ludes. — Puisieulx. — La Ferme
d'Alger. — La Pompelle. — La Vallée de l'Aisne. — Revue des
huit mois de front.

A SA MÈRE

10 mai 1915.

Nous avons eu hier notre troisième vaccination
contre la typhoïde et chacun de nous est faible et
fiévreux. Il y a un gros bombardement au-dessus de
la rivière, à Berry-au-Bac, et nous espérons tous que
nous n'aurons pas d'alerte, car il serait dur de faire
le moindre effort dans de telles conditions. Je ne
pense pas que nous ayons quelque chose à faire ici,
cependant, car les opérations les plus importantes
semblent se dérouler dans les Flandres.

L'été est arrivé ici pour ainsi dire sans aucun printemps. La vallée est vraiment superbe, tous les vergers en fleurs. Là-haut, dans les bois, les oiseaux
chantent tout le jour et j'aime à écouter les coucous,
particulièrement à l'aube naissante, aux avant-postes.

Nous avons tous été très émus par les nouvelles
concernant le *Lusitania*. Je suppose qu'en Amérique

l'opinion publique est terriblement excitée, mais je ne garde aucun espoir que Washington fasse quelque chose et je n'ai pas été surpris de voir que l'ambassadeur Gérard avait reçu des instructions pour demander un rapport officiel sur les bases duquel une nouvelle note sera établie. Pourquoi, en toute dignité, le Gouvernement Américain n'agit-il pas ou ne se tait-il pas, puisque la *Gazette de Cologne* déclare explicitement que toutes les protestations indignées seront accueillies avec une indifférence absolue ?

Je ne puis comprendre l'état d'esprit américain, ni comment les Américains ont la témérité de s'aventurer dans une zone déclarée de guerre, non plus qu'y laisser aller leurs femmes et leurs enfants, quand n'importe qui, doué d'un grain de bon sens, aurait pu prévoir ce qui est arrivé. Ils pourraient aussi bien venir ici et aller cueillir la violette en avant de nos fils de fer barbelés.

Je pense que nous sommes dans ce secteur pour un bout de temps et personne ne parle plus de repos. Tous les régiments autour de nous occupent presque les mêmes positions qu'ils prirent lorsqu'ils traversèrent l'Aisne en septembre. La vie du front s'est admirablement organisée et nous jouissons maintenant d'un confort réellement incompatible avec l'état de guerre. Il y a deux boutiques dans le village et nous pouvons acheter à peu près tout ce dont nous avons besoin.

Au « New-York Sun »

Au front français, 22 mai 1915.

Nuit d'attaques violentes. Toute la journée hier nous entendîmes le bourdonnement des aéroplanes au-dessus de nos têtes et les guettâmes tandis qu'ils évoluaient alentour, au milieu de leurs petits satellites de fumée de shrapnells que les batteries verticales leur décochaient. Environ une heure après la tombée de la nuit, le feu commença sur un secteur à quelques milles sur notre droite; d'abord, la brusque fusillade, puis le roulement des grenades, enfin le canon entra dans la mêlée et le bruit des fusils et des mitrailleuses fut complètement noyé dans le grondement soutenu des gros explosifs.

A intervalles réguliers, une terrifiante explosion lorsqu'une pièce lourde bombardait un village derrière nos lignes pour entraver l'avance des renforts.

De notre avant-poste à flanc de coteau, nous avions une belle vue d'un magnifique spectacle. Les fusées allemandes montaient sans discontinuer, comme les bouquets d'artifice auxquels nous sommes habitués pour le 4 juillet. Les fusées françaises, montant deux fois plus haut, faisaient voir leur boule de lumière vive qui flottait dans le vent environ une minute au-dessus du champ de bataille.

Outre la lueur des fusées éclairantes, l'explosion des obus et des bombes faisait momentanément des pointillés rouges. Un temps, et les lumières s'assombrirent et se muèrent en amas de fumée. Les grosses pièces, éloignées de la scène principale de l'action, commencèrent à faire chorus, tirant sur les lueurs. Nos batteries lourdes, à plusieurs kilomètres en arrière, se mirent à tonner et nous entendions les projectiles siffler au-dessus de nos têtes, au milieu des étoiles...

Parti en faction ce matin à l'aube, à l'angle d'un champ de boutons d'or et d'une forêt. Nul n'aurait jamais pu imaginer que ce pût être si ravissant cette symphonie en vert et bleu qui soudain, presque sans gradation perceptible, a succédé à l'atmosphère de noir et gris qui a rendu ici l'hiver si décourageant, et si exquis aussi l'air embaumé par les exhalaisons de l'herbe épaisse et humide de rosée. De la forêt venait le doux appel des coucous et des tourterelles sauvages. Matin de mai, frémissement des feuilles, étincellement du soleil, apaisement...

Aujourd'hui c'était le sixième et dernier jour au petit poste de seconde ligne. Beau temps, chaud et ensoleillé.

Quelques-uns des hommes, insouciants après une semaine sans bombardement, étaient montés sur le toit couvert de mousse de l'abri et y jouaient aux cartes. Soudain, le distant boum d'un canon, puis, une demi-seconde après, — rrrang ! Un shrapnell avait éclaté à vingt mètres en avant dans les branches du boqueteau qui nous cachait à l'ennemi.

La ruée précipitée dans l'abri, puis un cri déchirant et des voix frénétiques : « Ramassez, ramassez ! » Des hommes sortirent, bravant le retour brusque du danger, avec ce courage désintéressé qui est chose courante dans les tranchées. Ils rapportèrent le pauvre camarade, cruellement, mortellement blessé. Un autre, moins grièvement, avait eu l'épaule déchirée. Nous attendîmes jusqu'à ce qu'un autre projectile eût éclaté immédiatement au-dessus de nous avec un bruit assourdissant. Un homme l'avait attendu venir, blotti sur le seuil comme un sprinter attendant le signal du départ. Le temps que le troisième obus arrive, il était déjà loin courant à la recherche des brancardiers, à un demi-mille en arrière. Jusqu'à ce qu'ils fussent arrivés, nous, qui sommes inexperts à soigner les blessés, restons assis, les yeux baissés et les nerfs ébranlés, essayant de ne pas regarder et de ne pas entendre, tandis que six obus, se succédant à intervalles réguliers, éclatent au dehors, les fragments rebondissant sur le toit de l'abri, et l'âcre odeur de la poudre pénétrant à l'intérieur.

Voici la chose qui est la plus démoralisante dans le genre de guerre que nous soutenons ici. Ne jamais voir l'ennemi et, un beau jour, alors qu'on est presque tenté d'oublier qu'on est sur le front, — tandis qu'on lit, joue aux cartes ou écrit chez soi qu'on est en excellente santé, — bang ! vous voilà emporté ou blessé par un coup de canon tiré à cinq kilomètres de là. Ce n'est pas glorieux ! Le canonnier n'a pas la satisfaction de savoir qu'il a atteint son but, ni le blessé celle de riposter. Vous ne pouvez pas comprendre comme chacun, après des mois de ce régime, languit après le jour où cette misérable guerre de tranchées prendra fin et où, dans l'élan de l'action à découvert, il pourra rendre coup pour coup.

Comment se fait-il que l'ennemi connaisse si bien nos positions, car nous sommes bien cachés et il est probable qu'il ne peut pas plus nous voir que nous ne le voyons ?

Une excellente raison me fut donnée par un ami qui avait visité les champs d'aviation quelques jours plus tôt. Alors que nous prenons la peine de nous tenir dissimulés des lignes ennemies opposées, les avions sont choses si banales que l'on se dérange à peine pour regarder quand le ronronnement d'un moteur se fait entendre, pas plus qu'on ne pense à plonger sous terre.

Mais il y a là un très réel danger. Ce n'est pas seulement à cause des bombes que les aéroplanes laissent tomber à l'occasion, dans nos lignes et dans les villages de l'arrière ; mais l'observateur, là-haut, avec un appareil muni d'un objectif d'une grande puissance, photographie tant que dure le vol, toute la contrée qui s'étend au-dessous. Le film est développé la même nuit et les images scrutées au microscope. Ainsi se révèlent des détails qui échapperaient à l'œil nu ; c'est de cette manière que batteries, camps, postes et toutes sortes de travaux militaires sont repérés.

Le lendemain, le pointeur, en possession de renseignements exacts, peut pointer sa pièce à loisir et, quand il juge qu'il peut causer le plus de dommages, il nous envoie quelques projectiles selon son bon plaisir et au moment où nous nous y attendons le moins.

De nouveau en cantonnement. De garde ce matin de bonne heure. Agitation supprimée dans le petit village dont les rues commencent à être pleines d'officiers et de soldats. Passe un ami : « Eh bien, on y met ! » s'écrie-t-il. Quelqu'un qui se glorifie de ses connaissances en français peut-il traduire cela ? C'est une abréviation pour « On met les cannes », ce qui, il me reste encore à l'expliquer, signifie que nous devons partir. La rumeur en est bientôt confirmée. Oui, après sept mois de ce secteur plus ou moins tranquille, nous allons maintenant obtenir le changement que nous désirions tous tellement et nous ne le savons que douze heures à l'avance. Nous partons cette nuit. Pour où ? Personne ne le sait, mais personne ne doute que ce ne soit au plus épais de la mêlée.

J'aimerais vous donner quelques impressions de notre état d'esprit avant d'entrer dans l'action, mais malheureusement je n'en ai pas le temps. Les sacs doivent être bouclés immédiatement. Laissez-moi vous dire seulement que je suis heureux de tout mon cœur, et cette sensation a augmenté depuis qu'arriva la nouvelle de la mort à l'hôpital du pauvre petit....., qui fut blessé l'autre jour. Pauvre garçon ! C'était ce qui pouvait lui arriver de mieux.

Il est bon de s'éloigner du danger, constant ici, de mourir ainsi sans gloire. Si cela doit arriver, que ce soit au moins dans l'ardeur de l'action. Pourquoi hésiter ? C'est à coup sûr la plus noble forme que la mort puisse choisir pour venir à nous. C'est en quelque sorte un privilège qu'il vous soit permis de la rencontrer de cette manière. La cause vaut qu'on lutte pour elle. Si l'on part, c'est en compagnie de l'élite du monde. *Ave atque vale !* Si je vous écris encore, ce sera certainement pour vous raconter des choses merveilleuses.

Nous sommes tous en bonne santé, prêts et ardents pour l'assaut. J'espère qu'il viendra bientôt.

Le jour de gloire est arrivé !

JOURNAL

24 mai 1915.

Quitté Cuiry-les-Chaudardes presque après sept mois dans l'Aisne. Avons été remplacés par le 34ᵉ, qui vient de Beaurieux. Partis à minuit. Arrêtés à l'aube, sur les bords de la route, sur le plateau de Merval où nous avons déjeuné. Attendu ici les autobus. Ils arrivèrent par centaines vers midi et, embarqués, nous refîmes en arrière la même route que nous avions faite en octobre. Sortis de là, nous avons dîné dans un coin qui domine les plaines de Champagne, un merveilleux tableau avec Reims et la cathédrale dans le lointain. Partis de là à pied, pendant la nuit, vers Ludes où nous passâmes la nuit dans les étables d'un établissement Mumm. Partons ce soir pour les tranchées.

Puisieulx, 25 mai.

Passé une journée agréable à Ludes. C'est comme un retour à la civilisation après sept mois dans l'Aisne. Quantité de civils, femmes et enfants, magasins ouverts. Rassemblement au coucher du soleil. Marché jusqu'ici à travers les plaines ; devons y passer six jours en troisième ligne et ensuite monter en première, auprès de la Ferme d'Alger. Un secteur important dont les tranchées sont très rapprochées. Il semble que le régiment ait été démembré et disséminé le long de cette partie du front. Notre bataillon, du moins (qui est généralement reconnu comme le meilleur) est détaché et doit alterner avec le 38e bataillon de chasseurs à pied. Superbe temps de printemps. Heureux d'être en Champagne.

29 mai.

Après quelques jours de repos dans Puisieulx, montés aux premières lignes de tranchées, hier soir. Pleine lune à son lever. Traversé une forêt romantique, puis avancé en terrain découvert, vers la Vesle. Passé sur un pont improvisé, puis franchi le canal et les voies du chemin de fer. Là commençait le boyau. Un beau travail, profond de sept pieds dans le terrain crayeux et suffisamment large pour que l'on y circule à l'aise. Arrivés aux premières lignes, qui sont organisées soigneusement, et partis immédiatement au petit poste à quelques mètres seulement des lignes allemandes. Fréquents coups de feu au cours de la nuit. Des deux côtés on jette beaucoup de bombes, mais ici peu d'actions d'artillerie. Envoyé aussi aux avant-postes aujourd'hui, de 4 heures du matin à midi. Nous sommes sur la route nationale de Reims à Châlons, en un point rappro-

ché du fort de la Pompelle, entre les Chasseurs et
le 41e de ligne. Le génie fait quelques travaux de
sape ici ; les hommes ont creusé une galerie laté-
rale à quelque distance pour intercepter les sapes
des Allemands au cas où ces derniers tenteraient de
répéter la manœuvre qui leur a coûté si cher à la
Ferme d'Alger, il y a quelques mois. Ils firent exploser des mines sous nos tranchées et occupèrent le
cratère ; mais plus tard, ils en furent chassés par
les Tirailleurs Algériens. Depuis lors, la place est
restée en notre possession. Les lignes sont si rapprochées que des deux côtés l'on peut s'interpeller
aisément. Nous leur apprîmes, il y a quelques nuits,
que l'Italie avait déclaré la guerre et ils nous ré-
pondirent en hurlant : « Oui, mais contre vous ! »
Ne seront-ils pas furieux quand ils apprendront la
vérité ?

3 juin.

Passons quatre jours de repos dans les cagnas sur
la ligne du chemin de fer. Le canal avec ses hauts
peupliers, où bruit le vent tout le jour, est très
joli. Il est agréable d'être ici, en étroit contact avec
les soldats français, le 38e Chasseurs, le 86e Territorial et le 411e de ligne. Pas beaucoup de probabilité d'action car tout ce qui se passe actuellement
se déroule autour d'Arras. Ici le 1er Etranger fut
engagé dans la charge de Neuville-Saint-Vaast et
subit de lourdes pertes. Rockwell, qui fut transféré
au 1er Etranger il y a quelques mois, prit part à
cette affaire et fut blessé à la cuisse.

10 juin.

Passé six jours en seconde ligne sur la voie du
chemin de fer, puis revenus dans un secteur en première, près de l'auberge d'Alger. Je montai hier

pour voir le fameux entonnoir. C'est un immense cratère dans les profondeurs duquel sont enterrés on ne sait combien d'Allemands, de Sénégalais et d'Algériens. Ici, les Chasseurs ont fortement organisé les défenses qui forment une véritable petite forteresse, sur une élévation de terrain qui domine complètement les Allemands. Ils se sont aventurés très près, cependant, à moins de cent mètres en un certain point. La fusillade nocturne est ininterrompue et les échos, qui nous renvoient ces crépitements de la lisière des bois et des collines lointaines, en toutes sortes de modulations, n'ont jamais le temps de mourir dans le calme parfait. De temps à autre, un Allemand nous crie : « Eh ! Français ! Capout, capout ! » Alors commencent de piquants dialogues, soit en français, soit en allemand, car non seulement les deux lignes sont assez rapprochées pour échanger aisément des questions et des réponses, mais nous pouvons entendre des soldats allemands parler entre eux et jouer de l'harmonica et de l'accordéon, une sorte de musique dont ils semblent vraiment friands. De notre petite éminence nous pouvons voir les tours de la cathédrale de Reims. Souvent la fumée sort des cheminées des usines travaillant sous le feu des canons lourds allemands, qui laissent à peine passer une journée sans lancer d'obus dans l'infortunée cité.

L'offensive française autour d'Arras semble s'étendre vers le Sud et il y eut des attaques ces derniers jours, à Tracy-le-Mont, entre Compiègne et Soissons, et à Ville-au-Bois, qui est à quelques kilomètres seulement sur la droite de Craonne. Ceci peut expliquer cette nouvelle surprenante, qui circule depuis ce matin, que nous devons partir de nouveau cette nuit, pour une destination inconnue. Cela me plaît. Après le long séjour à Cuiry-les-Chaudardes et

Craonnelle, l'on aspire à un peu de changement et, plus il y en a, plus on est satisfait. Ces changements sont émotionnants, car nul ne sait quand nous partons, où nous allons nous arrêter. Toutes sortes de rumeurs s'élèvent. Voici quelques-unes de nos destinations, telles que les donnent différents bruits puisés à autant de différentes sources autorisées, ce matin : les Dardanelles, les Sucreries de Souchez, Hurtebise, la Ville-au-Bois et Châlons. *Vamos á ver.*

13 juin.

Quitté la Pompelle à minuit et marché dans l'aurore matinale d'été jusqu'à la Neuville, derrière Versy. Etendu nos couvertures dans un champ, pris le café, couché et fait une bonne sieste. Arrivée des automobiles à midi. Empilés dedans à **18** hommes par voiture. Repartis vers l'Ouest et bientôt nous refaisions le même chemin que nous avions parcouru en octobre, quand notre escadron servit d'escorte au convoi. Suivi cette route jusqu'à Fismes et, ainsi, de nouveau, au plateau de Merval. Là, sac au dos et en marche, jusqu'à OEuilly sur l'Aisne, où nous fûmes cantonnés pour la nuit. Pris un bon bain en nageant dans l'Aisne hier après-midi, puis la soupe de bonne heure, rassemblement, et l'on partit de nouveau. Tourné la route de Laon et, par Moulins, arrivés à Paissy, sur le plateau où nous relevâmes le 6ᵉ de ligne qui était ici depuis octobre. Village pittoresque, bâti le long d'une route qui surplombe un ravin en fer à cheval. Le fond tapissé de coquelicots, cascades, perspectives lointaines. De nouveau sur l'héroïque champ de bataille de l'Aisne, avec ses ruines dans les villages et ses anciennes tranchées dans les champs. Une partie du 18ᵉ de ligne est aussi cantonnée ici ; ce sont eux qui souffrirent si cruellement lors de l'attaque allemande du 25 janvier. Je m'entretins avec des hommes qui y prirent part. Il paraît que les Allemands, le matin qui suivit l'attaque, firent parader leurs prisonniers sur la crête en face des Français.

La seconde et la quatrième compagnies montèrent aux tranchées environ quinze cents mètres au delà. Il est évident que les hommes firent trop de bruit en accomplissant la relève, car les Allemands commencèrent à lancer des bombes qui tuèrent quatre hommes et en blessèrent beaucoup d'autres, y compris le capitaine de la seconde compagnie. Nous sommes restés en réserve dans le village.

Notre section était de garde; mon tour tomba dans la nuit, de minuit à 2 heures. En sentinelle en un point du bord du plateau, juste à côté de l'emplacement où un 75 était adroitement dissimulé. Un artilleur du 14ᵉ dormait dans un trou par terre, près de là. Consigne de l'éveiller si quoi que ce fût arrivait. Très tranquille en comparaison de la Champagne, où la fusillade était ininterrompue la nuit et où nous nous amusions, pendant le jour, à tirer par les créneaux. Les coups qui furent tirés, néanmoins, sifflaient désagréablement aux oreilles de la sentinelle, les balles claquaient dans les branches et tombaient dans le sol, à côté.

Les villages de cette région sont très vieux, bâtis de blocs de pierre prise aux fameuses carrières de l'Aisne. Elles se trouvent partout, immenses grottes dans la surface massive des coteaux. Ce fut dans une de ces grottes que les deux compagnies du 18ᵉ furent prises, comme en un piège, tandis que les hommes tentaient de s'y mettre à l'abri du bombardement.

15 juin.

Monté aux tranchées de réserve, un mille au nord-ouest de Paissy, sur le plateau. Les Anglais combattirent ici en septembre (c'était à peu près l'extrémité de leur aile droite) et il y a de nombreuses tombes de soldats anglais dans les champs environnants. Nous sommes à l'entrée d'un profond ravin, qui commande une jolie perspective en triangle sur la vallée de l'Aisne et le plateau au delà, à travers un cadre de feuillage. Temps d'été, chaud et ensoleillé. Une paresseuse période de repos presque complet. L'artillerie, de temps à autre, tire à courte portée ; mais autrement le plus grand calme règne ici. Ils appellent cela la guerre !

Il paraît que nous devons encore changer de place demain. L'on nous dit que nous devons retourner à Aï, près d'Epernay, où nous ferons partie d'une division de réserve. Ces nouvelles me sont infiniment agréables. Si cela est vrai, cela signifie presque certainement que nous ne manquerons pas, dorénavant, d'action, de mouvement et de variété. Ces troupes seront probablement envoyées à l'attaque, sur n'importe quel point du front où elles seront nécessaires.

C'est donc ici un endroit convenable pour terminer ce premier chapitre de mes expériences personnelles. Que nous soyons restés huit mois sur le front sans avoir attaqué une fois ou été attaqués ne doit causer aucune surprise, car une grande partie des troupes actuellement dans les tranchées se trouve dans la même situation. Il semble que ce fût par un pur hasard qu'un secteur facile nous échut, de même que ce fut une chance que notre bataillon et le bataillon D. aient occupé le bas secteur de Craonnelle, tandis que F. et G., qui étaient sur la crête, eurent à subir des pertes presque quotidiennes par le bombardement, au cours de l'hiver. L'hiver dans les tranchées fut certainement dur, mais il est déjà assez loin pour que les misères s'effacent du tableau et que le reste se teigne du chatoiement de la poésie. Quel est ce vers de Virgile au sujet du plaisir qu'il y aura parfois à se rappeler qu'un jour on a fait ces choses ? Je l'ai connu tout au long, par n'importe quelle fatigue et monotonie. Jamais je n'ai regretté d'avoir fait ce que je fais, ni ne désirerais, même en ce moment, être autre part que là où je suis. Je plains les pauvres civils qui n'auront jamais vu ni su ce que nous avons vu et connu. Quelque grands que soient les plaisirs qu'ils continuent de goûter et auxquels nous avons renoncé, le sentiment d'être l'instrument de la Destinée est pour moi une source de plus grandes satisfactions.

Il ne peut rien arriver que de bon au soldat, aussi joue-t-il bien son rôle. Sorti de l'épreuve du feu sain et sauf, il a fait une expérience dont l'éclat rendra dans l'avenir toute sa vie trois fois plus riche et plus belle ; blessé, il aura l'estime et l'admiration de tous les hommes et l'approbation de sa propre conscience ; tué, plus qu'aucun autre homme il peut affronter l'inconnu sans appréhension — du moins autant que la Mort sera descendue sur lui à un moment de courage et d'enthousiasme et non dans une minute de défaillance ou d'effroi. Et que ce soit le cas, si nécessaire, je tendrai toute ma volonté le jour où viendra notre tour d'aller dans la fournaise.

J'ai le pressentiment que ce jour-là est proche.

VIII

18 JUIN. — 8 AOUT 1915.

Magneux. — Châlons-sur-Vesle. — La première ligne de tranchées.
— Un secteur tranquille. — Réjouissances allemandes au sujet
des nouvelles de Russie. — Le « Salut » dans l'église du village.
— Le manuscrit à Bruges. — Permission à Paris. — Retour dans
les tranchées. — Les Belges et les Russes quittent la Légion. —
Départ pour la Haute-Saône. — Voyage dans des wagons à bes-
tiaux. — Vesoul. — Plancher-Bas. — « Le Cheval-Blanc ». —
Agréables jours à l'arrière. — Une revue à Chaux-la-Chapelle.
— La « Nouba ». — Le général Lyautey. — Une promenade avec
Victor Chapman. — Par amour pour la France. — Les tragédies
du village.

A sa Mère

Magneux, 18 juin 1915.

Reçu vos lettres et les découpures hier en marche.
Je ne pense à rien d'autre qu'à la tâche à accomplir
et, si j'écris, c'est uniquement pour rompre l'ennui
des tranchées et faire un peu d'exercice intellectuel
dont on se sent un tel besoin maintenant. Vous ne
devez pas vous inquiéter à la pensée que je peux ne
pas revenir. Il y a dix chances contre une pour que
je m'en sorte. Mais, si je devais y rester, vous devriez
être fière comme une mère Spartiate et comprendre
que c'est votre contribution au triomphe de la cause
dont vous appréciez si puissamment le bon droit.
Tout le monde devrait prendre part à cette lutte dont

l'issue doit avoir une importance si décisive, non seulement pour les nations qui y sont engagées, mais pour l'humanité entière. Il ne devrait pas y avoir de neutres, mais chacun devrait porter sa part du fardeau. Si une part si lourde devait vous échoir en partage, vous en seriez d'autant supérieure aux autres femmes et devriez en ressentir une immense fierté. Il n'y aurait là rien à regretter, car je n'aurais pas pu agir autrement que je ne l'ai fait et je pense que je n'aurais pas pu faire mieux. La mort n'est rien de si terrible, après tout. Elle peut même signifier quelque chose de bien plus merveilleux que la vie. Elle ne peut, en tous cas, signifier rien de pire pour le bon soldat. Ne soyez donc pas malheureuse, mais, quoi qu'il advienne, marchez la tête haute et faites-vous gloire de votre large part de tout honneur que le monde pourra m'accorder...

JOURNAL

Magneux, 19 juin 1915.

Quitté les tranchées de réserve au-dessus de Paissy hier, à 2 heures. Relevés par le 218ᵉ. Descendu le ravin pittoresque traversant Moulins jusqu'à la vallée de l'Aisne. Traversé la rivière à Hautes-Rives, puis dépassé la raffinerie de sucre où nous venions nous baigner pendant l'hiver. Après-midi brûlant et ensoleillé. Bien près de tomber dans l'escalade du plateau de Merval. Arrêtés à mi-chemin et soupé dans les champs. Puis continué par Merval et Baslieux jusqu'ici à Magneux, près de Fismes, où nous avons passé la nuit. Beaucoup de civils ici et conditions tout à fait normales en apparence. Vu des lampes électriques et des chemins de fer pour la première fois depuis huit mois. Ces temps derniers, les aéroplanes allemands ont laissé tomber des bombes sur Fismes, régulièrement, et il y a quelque temps, ils ont tué dix-sept soldats d'un seul coup. Nos protec-tections contre les attaques des aéroplanes sont très inférieures à celles des Allemands, dont les canons spéciaux contre avions tirent avec beaucoup de pré-cision, tandis que nos pièces de campagne ordinaires, pointées sur un but si difficile à atteindre, vont très loin.

Châlons-sur-Vesle, 20 juin.

Quitté Magneux ce matin à 3 heures. Pris la route nationale par Jonchery et Muizon jusqu'ici, à Châlons-sur-Vesle, où nous arrivâmes à 8 h. 30. Beau temps d'été ; bien supporté la marche qui me fut agréable. Un coup d'œil rapide sur les tours de la cathédrale. J'ai peur que les Allemands bombardent Reims et la cathédrale en représailles du récent raid francais sur Carlsruhe. Ce matin, comme nous quittions Magneux, nous vîmes un Taube et, quelques minutes plus tard, nous entendîmes les explosions des bombes qu'il laissa tomber sur Fismes. Comment les Français n'empêchent-ils pas cela ?

Je ne sais combien de temps nous allons rester ici, ni où nous irons. Puissions-nous prendre part à un assaut sur le fort de Brimont, où les Allemands ont placé les canons lourds qui tirent sur Reims et la cathédrale ! Voilà la mort qui convient à un artiste : tomber pour venger cet outrage à l'art dans une de ses plus parfaites manifestations.

Appel ce soir, à 9 heures. Fait une promenade solitaire à un mille environ du village. Trouvé un point élevé qui commande une vue merveilleuse vers l'Est, avec Reims et la cathédrale à dix kilomètres environ, et au delà Nogent et les hauteurs d'où l'ennemi le domine. Très beau pays. La première moisson a été faite et le ton de hâle des meules et des chaumes, le rouge des coquelicots, se confondent avec le vert tendre du paysage de l'été nouveau. Dans le lointain, l'on peut entendre les coups de fusils et occasionnellement le boum du canon, mais ici tout est paisible et tout à fait normal. Les femmes et les enfants sont tous revenus, les hommes travaillent dans les champs, les clochers des églises sonnent les heures et les quarts.

Je suis resté longtemps assis à regarder vers l'Est, jusqu'à ce que la ville et la cathédrale, sans toiture, se fussent effacées dans le crépuscule et que la lune croissante fût devenue lumineuse au sud. Demain, nous partons aux tranchées.

23 juin.

Monté aux premières lignes de tranchées avanthier, au coucher du soleil. Marché en file simple à travers un boyau, pendant des milles, semblait-il. Un travail énorme a été fait dans ces longs fossés, en zigzag, souvent profonds de six ou sept pieds, dans la chaux. Partis immédiatement à un poste d'écoute jusqu'à minuit. Un secteur très tranquille ici, presque sans coups de canon, ni de fusils. Il semble qu'il y ait une sorte d'entente de ne pas tirer, ni d'un côté, ni de l'autre. Mais la raison peut en être que les tranchées sont à ras de terre et les hautes herbes rendent chaque ligne invisible pour l'autre. Les guetteurs, pendant le jour, observent au moyen d'un périscope élevé d'un mètre environ au-dessus du parapet et dans lequel on découvre la ligne blanche de la chaux retournée, par-dessus les herbes de la prairie, et les fleurs à quelque deux ou trois cents mètres en avant. Nous sommes à quatre milles environ au delà de la ville de Reims et à un mille, dans la plaine, de la route nationale où sont les cuisines. En face de nous est le fort de Brimont. Nous avons une vue sans obstacles sur le côté de la cathédrale. Les cheminées de la ville fument. Ce secteur est réellement trop calme, — c'est un endroit pour territoriaux. Je ne crois pas que nous restions longtemps ici.

26 juin.

Au poste d'écoute la nuit dernière, de 8 heures à minuit. Grandes réjouissances parmi les Allemands, de l'autre côté : chants d'ivrognes, et tumulte. Aujourd'hui nous parvient la nouvelle de l'évacuation de Lemberg par les Russes. En voilà donc la raison ! Ce succès des armées allemandes est d'une importance que toutes les dépréciations de la presse alliée n'arriveront pas à cacher. Il semble que les Russes aient manqué sérieusement de munitions. Je crois entrevoir maintenant la raison du raid d'Hindenburg en Courlande et de la prise de Libau. En connexion avec la présente avance en Galicie, cela fait un saillant de plus en plus dangereux du front central des Russes en Pologne. Je crois que les Allemands tailleront dedans maintenant du Nord au Sud et que Varsovie sera à eux d'ici un mois. S'ils n'ont pas alors complètement détruit les armées russes, ils les auront au moins tellement paralysées qu'elles seront incapables d'aucune offensive sérieuse pendant des mois. Se retranchant alors sur une ligne qu'ils choisiront en toute liberté, les Allemands laisseront sur le front oriental juste assez de troupes pour maintenir l'ennemi démoralisé et transporteront la masse de leur grand pouvoir offensif, énivré par la victoire, soit sur le front italien, soit plus probablement sur le front français.

Il semble que ce soit maintenant, si jamais, le moment favorable à une grande offensive ici, car les tranchées opposées sont probablement dénudées comme elles ne le seront jamais plus à l'avenir. Mais la bataille devant Arras a fait rage depuis un mois et plus, et nous semblons pourtant incapables de faire aucun progrès sérieux. L'optimisme n'est pas grand parmi nous ces jours-ci et il n'est guère encouragé par les chants et la bruyante confiance des ennemis en face de nous.

Merfy, 29 juin.

Le bruit court que nous ne devons pas rester longtemps ici, mais exécuter un autre changement de secteur, même avant notre prochain tour de tranchées. Une autre campagne d'hiver que nous avions tous redoutée est devenue maintenant une certitude et la presse anglaise n'hésite plus à parler de l'ajournement de l'offensive alliée au printemps prochain. Le Kaiser, cependant, a fait un speech à Berlin disant que la guerre serait terminée avant l'hiver.

A sa Mère

3 juillet 1915.

Nous avons passé six jours dans un agréable petit village, derrière les lignes. La vie a repris beaucoup de son aspect normal. Tous les soirs il y a le Salut dans la vieille église et la messe le dimanche. La nef est toujours pleine de soldats, malgré qu'il y ait peu de vrais croyants parmi eux. Mais ces services, où les voix des soldats s'unissent pour les répons à celles des femmes et des petits enfants du village, sont toujours particulièrement émouvants pour moi. La religion catholique, idéalisant, comme elle le fait, l'esprit de sacrifice, exerce une attraction presque universelle en ce moment.

Les choses n'ont pas l'air d'aller très bien pour les Alliés, ces derniers temps. La défaite des Russes en Galicie m'a moins découragé que l'échec de notre offensive d'Arras, qui, sans aucun doute, n'était pas une action locale destinée seulement à gagner une position stratégique, mais bien une tentative pour briser les lignes allemandes, délivrer Lille et déterminer la retraite de l'ennemi du nord de la France. Nous semblons avoir manqué notre but. Le premier régiment de la Légion Etrangère mena cette attaque fort brillamment et fut presque anéanti. J'ai des amis qui furent blessés dans cette affaire et je les envie, car nous sommes toujours condamnés à la même inaction habituelle...

Aurais-je eu à choisir que je n'aurais jamais voulu être autre part que là où je suis. Même si j'avais l'occasion d'être libéré, je ne voudrais pas en profiter. Ne vous désolez donc pas. Seuls sont à plaindre dans cette guerre ceux qui éludent ou négligent leurs devoirs. Les larmes versées pour ceux qui y prennent part et qui n'en reviennent pas doivent être adoucies par le sentiment que cette mort est bien celle qu'ils auraient choisie d'eux-mêmes, de préférence à toute autre; qu'ils allèrent au-devant d'elle souriants et sans regrets, certains que quelle qu'aurait pu être, pour l'humanité, la valeur de leur existence ici-bas, elle n'aurait pu être plus grande que l'inspiration et l'exemple qu'ils lui donnèrent en mourant ainsi. Nous, à qui l'idée de la mort est familière, qui marchons toujours parmi les petits tertres et les croix des hommes « Morts au Champ d'Honneur », nous savons ce que cela signifie. Si je pensais que vous puissiez éprouver pour moi ce que j'éprouve pour eux, l'unique reproche que je me fais — celui de peut-être vous rendre malheureuse — serait atténué.

Je ne dis pas cela parce que je n'espère pas — huit chances sur dix — vous revenir sain et sauf, mais parce qu'il est toujours bon de se fortifier contre l'événement redouté, car, ainsi faisant, vous le rendez, s'il se produit, plus facile à supporter et aussi celui que vous désirez sera doublement doux, s'il se réalise.

L'article au sujet de Rupert Brooke dans lequel mon nom fut mentionné (grâce à ce fait que l'éditeur de ces matières dans le *Literary Digest* est un de mes vieux amis), m'a fait plus de peine que de plaisir, car il a réveillé le point douloureux dans mon cœur : qu'il ne m'ait pas été possible de faire publier mon livre de poèmes avant la guerre... Mais il est inutile de pleurer devant le lait répandu. Je ne doute pas que le manuscrit soit sauf à Bruges, enterré comme il l'est, et plus en sécurité vraiment qu'il ne serait maintenant, exposé aux risques du transport. J'ai de bons amis qui voudront bien s'en occuper, s'il m'était impossible de le faire moi-même.

Nous avons terminé nos huit mois sur la ligne de feu. Le bruit circule toujours d'un retour imminent à l'arrière pour nous reformer. Je pense que, cette fois, cela peut être vrai. Je vais essayer de retrouver les paquets, mais n'envoyez plus rien jusqu'à ce que je les retrouve...

JOURNAL

La Neuvillette, 8 juillet.

Nos derniers six jours de tranchées furent interrompus par le plus mémorable, le plus extraordinaire, le plus heureux événement qui se soit produit depuis notre engagement. Le soir du 3 juillet, le sergent arriva à l'improviste pour recueillir le nom de tous les Américains qui désiraient avoir une permission de quarante-huit heures pour Paris ! Nous avions peine à croire possible une telle bonne fortune. Mais il paraît que les journalistes américains de Paris ont fait une pétition pour nous assurer une permission pour le 4 juillet et que le Ministère de la Guerre l'a accordée. Nous avons failli danser de joie. Voir Paris de nouveau, après presque une année d'absence !

Nous devions partir immédiatement. Aussi, faisant nos sacs, nous parcourûmes le boyau à la tombée de la nuit jusqu'au poste de commandement, où nous laissâmes tout notre équipement et reçûmes nos permissions individuelles. Puis, de là, à Merfy, où nous passâmes la nuit. Le lendemain, après le petit déjeuner, nous nous mîmes en marche (nous étions 32 en tout) vers la station de chemin de fer de Moulin-de-Courmont, sur la ligne de Fismes à Reims, où nous montâmes dans le train qui partit à 2 heures. Arrivés à Noisy-le-Sec à 9 heures et continué jusqu'à la gare de l'Est dans un autre train. Joie de circuler de nouveau dans les rues de Paris.

Absence notable d'hommes dans Paris ; beaucoup de femmes en deuil. Un grand nombre de soldats blessés en congé de convalescence, presque tous revêtus de la vieille capote gros bleu et le pantalon rouge. Un léger malaise et du découragement parmi les Parisiens, probablement à cause de l'absence de bonnes nouvelles d'Arras, de la perspective certaine d'une autre campagne d'hiver et de la grande lassitude due à la guerre, dont il leur est difficile de se rendre compte si loin du front.

Cette visite me fit du bien d'une façon générale, parce qu'en me rappelant toute la grandeur du sacrifice que je fais, elle me prouva clairement que j'agissais au mieux et que je ne pourrais réellement être

aussi heureux nulle part ailleurs que là où je suis.
L'admiration universelle pour le soldat du front me fut
plus sensible qu'aucun plaisir. Ce fut une cause de
fierté aussi de saluer les officiers dans les rues, spécialement les blessés, et de sentir le lien qui vous
unit à ceux qui accomplissent l'acte le plus noble
et le plus héroïque qu'il soit donné aux hommes
d'accomplir...

De retour aux tranchées de première ligne. Puis
redescendus ici, en seconde ligne, où nous sommes
cantonnés dans une grande verrerie, juste à l'endroit
où le canal de l'Aisne traverse la route nationale.
L'usine a été mise en pièces par le bombardement.
Très près de Reims, où j'espère avoir la permission
d'aller passer un jour avant de partir. La spécialité
de cet endroit est la bière, que les soldats rapportent
de Reims chaque jour à trois heures.

Les rumeurs de grands changements dans le régiment qui circulent depuis longtemps, semblent maintenant prendre corps. Il paraît que les Russes vont
être envoyés dans l'armée russe, où il leur sera permis de s'engager dans un régiment français. De
même pour les Belges. Ce qu'il va rester de nous,
après que ces prélèvements auront été faits, sera
réuni à ce qui a échappé du 1er Etranger après la
charge d'Arras, et reformé en un simple régiment de
marche. Pour mener à bien cette réorganisation, on
nous enverra probablement à l'arrière pour un certain temps. La rumeur désigne Juvisy comme lieu
de notre résidence et le 12 juillet comme date de
notre départ. *Vamos á ver !*

11 juillet.

Section de garde hier. Passé 8 heures sous le
pont où la route nationale traverse le canal. Aujour-
d'hui, un camarade et moi devions aller à Reims

car le capitaine nous avait promis une permission.
J'étais impatient de voir l'état de la ville et de
la cathédrale ; mais je n'eus pas cette joie. Nous
revenions du poste de police depuis quelques heures
à peine, quand l'ordre courut de section à section,
le long de la ligne : « Tout le monde en tenue,
faites vos sacs. » D'abord, nous crûmes à une alerte,
mais quelques minutes après nous eûmes l'explication exacte. Tous les Belges et de tous les Russes
devaient aller à l'arrière immédiatement ! Ce changement annoncé depuis si longtemps arrivait enfin.
Grande joie parmi les désignés ! Grand cafard parmi
ceux qui ne l'étaient pas ! Car cela signifiait que
nous qui restions, nous devions retourner immédiatement aux tranchées après deux jours seulement de
seconde ligne, pour remplacer les hommes perdus
par le bataillon F., ce que nous fîmes vers minuit et,
tandis que la moitié du régiment commençait
bruyamment son voyage vers Orléans, le reste rega-
gnait par les boyaux son ancien emplacement où
nous voici, après une nuit de garde. Pour combien
de temps ? Le départ des Russes et des Belges va
diminuer les forces du régiment des deux tiers
presque. Sera-t-il possible de le reformer ici, sur le
front, ou devra-t-on s'en aller pour un certain temps,
sur un point quelconque, derrière les lignes ? Nous
l'espérons tous. Mais jusqu'à présent tout est recouvert du voile du secret.

Courcelles (près Reims), 12 juillet.

Restés dans les tranchées vingt-quatre heures seulement. A minuit nous fûmes relevés par le 75ᵉ territorial. Retournés par les boyaux jusqu'à la verrerie
de la Neuvillette, puis suivi le chemin de halage du
canal jusqu'à Courcelles, dans les faubourgs de Reims,

où nous fûmes confortablement cantonnés pour la nuit. Nous avons travaillé dur toute la matinée, en corvée avec le génie. Nous fîmes trois voyages à Merfy dans un camion automobile, que nous dûmes trois fois charger et décharger des planches et des poutres. Attendons ici, les sacs bouclés, espérant partir à tout moment. Fus accosté ce matin par un caporal du 75° territorial qui se rappelait m'avoir vu chez Lavenue à Paris et m'avait reconnu malgré mes moustaches et mes cheveux ras. Je me souvins aussi de lui.

Couthenans (Haute-Saône), 15 juillet.

Passé une journée et une nuit calme à Courcelles. Puis, hier matin, avant le lever du jour, réveil, sac au dos, et départ. Nous marchâmes vers Muizon, et là le bataillon prit le train pour la première fois depuis notre voyage à Mailly en octobre. Wagons à bestiaux, garnis de bancs, entassés une section par wagon. Une journée de tension, car nul n'avait aucune idée de l'endroit où nous allions. La croyance générale fut que nous partions à Orléans par Noisy-le-Sec, car nous savions du moins que la raison principale de notre départ à l'arrière était de nous reformer après les vides occasionnés dans nos rangs par le départ des volontaires belges et russes, et l'incorporation probable parmi nous de ce qui restait du 1ᵉʳ Étranger décimé à Arras. Cette hypothèse fut cependant ébranlée quand, à une jonction près de Fère-en-Tardenois, nous tournâmes vers le sud par un embranchement de la ligne de Château-Thierry. Nous caressions encore l'espoir d'aller à Orléans par un chemin détourné, et cela même jusqu'à Châlons, et nous guettions anxieusement chaque embranchement où une ligne tournait vers la droite. Lorsqu'à Châlons nous bifurquâmes sur la gauche, le dernier rayon d'espoir s'évanouit et chacun fut persuadé que nous étions dirigés directement sur les terribles secteurs de l'Argonne et de la Meuse. Mais ce découragement fut allégé quand, après avoir dépassé Vitry-le-François (où il y avait un cimetière rempli de croix marquant la place des hommes tombés là au cours de la grande bataille de septembre), au lieu de prendre l'embranchement qui conduit à Bar-le-Duc, nous tournâmes au sud vers Saint-Dizier.

L'impression commença alors de s'affirmer que nous allions à Lyon, au dépôt du 1er Etranger et que, de là, nous irions aux Dardanelles.

Le matin suivant, cependant, après une de ces effroyables nuits dans les trains de troupes où, entassés les uns contre les autres, on ne peut s'allonger en dépit de l'envie de dormir, nous nous réveillâmes à Vesoul. L'Alsace donc devint une certitude pour tout le monde. Pour ma part j'étais heureux, car c'est, de tous les endroits, celui que j'aurais choisi pour y combattre et, au besoin, y tomber. A Belfort, nous apprîmes notre véritable destination — Montbéliard. Arrivés ici, nous espérions aller immédiatement dans quelque caserne. Pas cette chance. En dépit du manque de sommeil et de la fatigue du voyage, nous dûmes mettre sac au dos et partir, sous une pluie battante, pour une trotte de dix kilomètres jusqu'à Couthenans. Dans les villages sur notre chemin étaient cantonnés les Tirailleurs Algériens qui avaient participé à l'action d'Arras. Troupes splendides d'allure, dans leur nouvel uniforme kaki. Ici furent cantonnés les rescapés du 1er Etranger, mais ils furent envoyés ailleurs, car il y a une certaine prévention contre la mise en contact des deux régiments. Ainsi, nous voici de nouveau avec la vieille division marocaine, les troupes d'élite. Nous reste-

rons ici probablement plusieurs semaines et ensuite
partirons immédiatement pour quelque action importante. Il semble que les Allemands feront une
tentative pour regagner le terrain que nous leur
avons pris dans les Vosges ; on parle même de la
venue d'Hindenburg en Alsace. J'espère que, sous
peu, nous allons faire quelque chose de très intéressant. En attendant, nous allons être reformés et soumis à des exercices comme ceux que nous fîmes à
Toulouse et à Mailly. La campagne ici est très jolie
et les habitants gentils.

Plancher-Bas (Haute-Saône), 17 juillet.

Toutes les prévisions furent renversées la nuit dernière, lorsque l'ordre fut donné de nous tenir prêts
pour un départ immédiat. Ce matin, réveil à 4 heures
et sac au dos. Marché pendant dix-huit ou vingt kilomètres jusqu'ici, à travers une agréable contrée
montagneuse, couverte de bois profonds et de riches
prairies, verdure épaisse et végétation d'une terre
où les averses sont fréquentes. Au delà de Chagey,
passé devant un monument érigé aux soldats du
pays, morts en 1870, et présenté les armes au passage. Fait un bon petit déjeuner à la modeste auberge, en arrivant, puis parti avec l'escadron pour
vingt-quatre heures de garde. Toute la Légion Étrangère marche avec nous et chacun espère que nous
allons entrer en action.

J'ai eu le plaisir de rencontrer Victor Chapman,
qui est dans la section de mitrailleuses d'un régiment de marche du 1er. Il sera agréable d'être ensemble au cours des grands événements auxquels
nous allons sans doute bientôt participer.

19 juillet.

Je devine que nous allons rester ici quelque temps. C'est un cantonnement délicieux. Dans la petite auberge du « Cheval blanc », juste en face de la maison où nous sommes logés, on peut dîner très bien et flâner en prenant le café et des petits verres. C'est l'arrière, au sens précis du terme. Une ou deux fois, j'ai cru entendre la voix distante du canon en Alsace, mais, en général, on se sent bien loin du théâtre de la guerre. C'est le premier pays près du front, où nous nous trouvons, que les Allemands n'ont pas traversé et tous les civils ici poursuivent leurs occupations ordinaires. La race paraît forte, les paysannes sont avenantes et souvent réellement jolies. Nous sommes juste au pied des Vosges et le paysage est charmant.

Ce matin chacun était plein de bonne volonté et d'ardeur et nous fîmes très joyeusement l'entraînement et l'exercice dans une vaste prairie près de la ville, sous un ciel bleu lavé de frais par les averses de ces derniers jours. Nous passerons probablement, à partir de maintenant, une grande partie du temps à faire l'exercice en campagne, dont nous avons réellement besoin après un hiver dans les tranchées. Cela nous tiendra en bonne forme si nous devons attaquer en Alsace, comme je l'espère.

King revient aujourd'hui, après deux mois de permission et nous apprend que les Français se concentrent par ici dans l'Est, en vue de grandes opérations à venir. Des trains de la division marocaine passent par ici continuellement, conduits par des indigènes au teint hâlé, en uniforme kaki et coiffés du fez rouge. Ce seront de fiers hommes à côté de qui combattre.

Aujourd'hui nous parvient la nouvelle que les

Allemands ont percé le front du nord en Pologne et qu'ils menacent par conséquent sérieusement la ligne de chemin de fer de Varsovie à Pétrograd. La situation militaire sur le front russe est très intéressante. Le grand-duc sera forcé de risquer une bataille décisive autour de Varsovie ou bien de l'abandonner. La première solution est dangereuse pour lui, la seconde serait une terrible perte. Pourtant il est douteux qu'il ait maintenant le temps ou les moyens de replier son centre en Pologne. Si le centre russe est encerclé et contraint de capituler, ce sera la débâcle en ce qui concerne notre alliée, et le transfert d'immenses forces du front oriental au front occidental rendra notre entreprise doublement ardue.

27 juillet.

Agréables journées ici, à l'arrière. Le matin et l'après-midi nous avons généralement exercices, marches militaires et revues. Mais il reste toujours assez de temps, avant et après les repas du matin et du soir, pour se reposer, lire ou flâner. C'est ce que nous faisons, King et moi, généralement dans les cafés du village. Il y a le « Cheval blanc » de l'autre côté de la rue, mais le plus agréable de tous est le Café de la Gare à cause de la jolie gosse qui fait le service. Je lis *Les Conférences sur la Politique*, de Treitschke, que m'a prêtées Chapman, et les journaux, où les nouvelles du front russe sont très passionnantes ces jours-ci. Les paysans ici sont intéressants et agréables. Je converse quelquefois avec le vieil homme de la maison voisine, que l'on trouve habituellement se promenant tout seul, au crépuscule, de long en large dans sa cour. Son fils a disparu dans la forêt d'Apremont, en octobre, et on n'en a pas entendu parler depuis. C'était son seul fils ; un jour, sa fille me montra une photographie de son frère, un jeune et beau garçon, caporal dans un des régiments de Belfort qui entrèrent en Alsace au début de la guerre. C'est l'une de ces mille tragédies dont la France est pleine en ces tristes jours. Les gens d'ici en disent long sur l'offensive initiale en Alsace et la désastreuse aventure de Mulhouse, vous démontrant la témérité absolue et l'insuffisance de préparation pour une telle entreprise, tout en reconnaissant d'ailleurs sa crâne vaillance. Des bandes de permissionnaires traversent journellement le village, car on a commencé à donner huit jours de permission aux hommes du front et il se peut que, dans quelques mois, je voie de nouveau Paris. En attendant, les plans sont complètement inconnus de nous et probablement aussi du commandement. Le bruit court que nous resterons ici jusqu'au 10 août. *Quién sabe ?*

30 juillet.

Passé une splendide revue avant-hier à Chaux-la-Chapelle. Levés à l'aurore et en route avant 3 heures et demie. Couvert les neuf kilomètres environ qui nous séparaient du lieu où devait se faire la revue, chaque bataillon derrière ses clairons. Les nuages de pluie s'étant dissipés, le soleil s'était levé dans un ciel glorieux. Toute la Légion était là, et nous nous rangeâmes dans un vaste champ rectangulaire. Les bois sur un côté et, au fond, une belle vue sur les montagnes voisines. Là, nous fûmes rejoints par le reste de la division, deux régiments de tirailleurs algériens. Ils arrivèrent en défilé, derrière leur musique — la fameuse Nouba — dont l'effet était absolument nouveau pour nous et émotionnant : une alternance de clairons et de curieux instruments à vent en bois, soutenus par des cuivres et des *tam-tam*. Leur ancien uniforme, si éclatant, a été remplacé par la capote ordinaire bleu clair, la culotte bouffante kaki et la chéchia rouge. En attendant l'arrivée du général, nous nous mélangeâmes et fraternisâmes les uns avec les autres. Au 4ᵉ Tirailleurs, Boubaccer trouva son jeune frère qu'il n'avait pas vu depuis dix ans. Il est sous-lieutenant maintenant. C'est ce régiment qui était à l'action à la Ferme d'Alger, que j'ai décrite précédemment. Il paraît que l'explosion de la mine tua environ la moitié d'une section de tirailleurs. Le reste, après que leur contre-attaque eut réussi à chasser les assaillants, jeta dans le trou les morts, les blessés et les prisonniers et commença à les enterrer tout vivants : « Khouya, Khouya ! (Frère, Frère !) criaient les infortunés. Mais nous avons répondu : Je connais pas Khouya » continuaient les tirailleurs. Et ils furent tous enterrés...

Tout à coup les clairons jouèrent la sonnerie du Général et nous courûmes tous aux faisceaux. Baïonnette au canon ! Tandis qu'il passait à cheval devant nous, qui reconnûmes-nous ? le fameux général Lyautey lui-même, arrivé tout récemment en France. Il chevaucha le long des rangs et leva son képi en passant devant le porte-drapeau des tirailleurs, qui inclina le drapeau en même temps. Il visita le détachement de cavalerie et aussi d'artillerie dont les trompettes entonnèrent leur propre sonnerie, à cette occasion. Ensuite, il mit pied à terre avec son état-major, au centre du champ, reçut tous les officiers et sous-officiers qu'il avait connus au Maroc et décora plusieurs officiers et soldats, auxquels il donna l'accolade. Après quoi, la Nouba se plaça en face de lui et toute la division défila au son curieusement entraînant de sa musique. Retour à Plancher-Bas, où nous arrivâmes vers 2 h. 30 de l'après-midi.

31 juillet.

Promenade avec Victor Chapman jusqu'à Plancher-les-Mines ; rencontré là Farnsworth qui est au 1ᵉʳ Etranger et avons dîné tous ensemble. Une douzaine de sous-officiers — vieux Légionnaires — étaient dans la salle buvant et s'amusant. Ces hommes avaient été à Arras et la camaraderie de soldats, dont le lien est d'avoir accompli en commun de grands exploits, était d'une espèce inconnue parmi nous et que j'enviai.

Aujourd'hui nous parvient cette nouvelle que j'attendais : les Russes vont évacuer Varsovie. Les Allemands y entreront alors probablement pour l'anniversaire de la déclaration de guerre et une vague d'enthousiasme passera sur le pays, noyant le souvenir des revers passés et effaçant le mécontentement causé par la prolongation inattendue du conflit. La grande question maintenant est de savoir si les Russes ont commencé à se replier à temps et s'ils seront capables d'arracher leur armée centrale de la position difficile dans laquelle elle est placée. S'ils ne le peuvent pas, ce sera le désastre. Peut-être la fatalité de l'histoire a-t-elle décrété que l'Allemagne doit sortir triomphante de la lutte et que le peuple allemand dominera au XXᵉ siècle comme les Français, les Anglais, les Espagnols et les Italiens le firent aux siècles précédents. Pour moi, ce qui a une suprême importance, ce n'est pas d'être du côté des vainqueurs, mais du côté où vont mes sympathies. Sentant qu'il n'y a pas de plus grande gloire pour un homme que celle qui le fait l'instrument du destin dans ces moments d'épouvante, je me suis rangé naturellement du côté où j'avais le plus d'obligations. Mais qu'il soit bien compris que je n'ai pas pris les armes par haine des Allemands ou de l'Alle-

magne, mais par pur amour de la France. Là contribution de l'Allemagne à la civilisation est trop
importante et les idéals allemands trop en accord,
en général, avec les miens, pour qu'il me soit permis
de me joindre au concert de haine contre un peuple
que j'admire franchement. C'était seulement pour
que cette France, et spécialement ce Paris, que j'aime,
ne cessâssent pas d'être la gloire et la beauté qu'ils
sont, que je me suis engagé. C'est pour cette raison
que je veux tenir jusqu'à la fin. Mais je suis prêt à
accepter le verdict de l'Histoire dans ce cas comme
je le fais, ainsi que chacun, pour les vieilles dissen-
sions entre Athènes et Sparte ou entre la Grèce et
Rome. La force fait le droit et vous ne pouvez vous
y soustraire, quoique en murmurent les éphémé-
rides. « Victrix causa diis placuit, sed victa Catoni. »
Cela pourrait être l'épitaphe sur ma tombe. Je la
vois sur quelque vert penchant des Vosges, tournée
vers l'Est.

7 août.

Venant au « Cheval blanc », ce matin, je trouvai, en train de sécher sur une table, des adresses
sur toile, écrites au crayon indélébile pour le fils
de la maison. Il fut fait prisonnier à Lassigny dans
les premières semaines de la guerre et se trouve
maintenant dans un camp de concentration à Cassel,
en Allemagne. On lui envoie chaque semaine, par
l'intermédiaire de la Croix-Rouge de Genève, des
paquets de pain et de bonnes choses à manger et ces
envois semblent arriver régulièrement. Je fis remarquer à la bonne femme que son fils était réellement
plus heureux comme prisonnier qu'il ne le serait
dans les tranchées et qu'elle devait surtout se considérer elle-même comme plus favorisée que beaucoup
d'autres mères, qui sont anxieuses tout le temps et

restent dans une continuelle incertitude; mais ses yeux étaient rouges d'avoir pleuré et elle était incapable de prononcer un mot.

C'est dans ces villages, derrière les lignes, que l'on peut se faire une idée de ce que souffre le pays. Il y a plus d'un jeune homme revenu ici avec une jambe ou un bras en moins. Il y a le cas du vieillard d'à côté dont j'ai déjà parlé. Mais le plus tragique me semble être celui d'une mère dont le fils unique fut porté disparu sur les premières listes. Après des mois d'incertitude, un beau jour, elle lit son nom sur une liste de soldats prisonniers en Allemagne. Pleine de joie, elle lui écrit et commence à expédier des paquets. Mais un jour, après plusieurs semaines, elle reçoit une lettre du soldat auquel elle avait écrit, disant qu'il avait reçu les lettres et les colis, que son nom était bien identique à celui de la personne à qui elle les avait adressés, mais qu'il était d'une contrée différente et n'était pas le fils qu'elle recherchait! Et elle n'a jamais rien appris de plus.

Aujourd'hui parvient la nouvelle de l'évacuation de Varsovie!

A sa Mère

8 août 1915.

J'ai pu être un peu irrégulier dans mes correspondances ces temps derniers. C'est parce que, étant toujours au repos, loin de la ligne de feu, la sensation d'être hors du danger a pour effet d'amoindrir l'importance que j'attachais à vous tenir toujours assurée que je vais très bien... Vous ne devez pas vous faire l'illusion qu'une révolution éclatera en Allemagne, ou que la guerre se terminera bientôt.

Considérez ma présence ici comme je la considère, c'est-à-dire comme faisant partie de ma carrière. Je ne suis pas influencé par les folles idées américaines de « Succès » qui ont trait seulement à la signification superficielle et accidentelle des mots — avancement, reconnaissance, puissance, etc... L'essence du succès consiste à suivre rigoureusement ses propres et meilleures impulsions et à se conduire comme vous le dicte votre conscience et de telle sorte que l'imagination ne puisse rien concevoir de plus désirable. Etant donnée ma nature, je n'aurais pas pu agir autrement que je ne l'ai fait. Quoi qu'on puisse imaginer que j'eusse pu faire, si je ne m'étais engagé, eût été moins important que ce que j'accomplis actuellement ; et tout ce que je pourrai entreprendre après la guerre, si je survis, sera moindre aussi. J'ai toujours eu la passion de jouer le plus beau rôle à ma portée et c'est réellement, en un sens, un suprême succès que d'être admis à remplir celui-ci. Si je n'en sors pas, je partagerai la bonne fortune de ceux qui disparaissent alors qu'ils sont au pinacle de leur carrière.

Arrivez à aimer la France et à comprendre la noblesse, pour ainsi dire sans exemple, de l'effort que fait cet admirable peuple, car cela sera pour vous le plus sûr moyen de trouver un réconfort pour ce que je suis prêt à souffrir pour sa cause.

IX

10 AOUT. — 24 SEPTEMBRE 1915

Une marche de brigade. — Le Ballon de Servance. — La vue des Alpes. — Un orchestre improvisé. — Le Ballon d'Alsace. — Vétrigne. — Enfin en Alsace ! — Anniversaire de l'engagement. — Retour à Plancher-Bas. — Les écoliers alsaciens apprennent la *Marseillaise*. — Une occasion de quitter la Légion. — Revue par le Président de la République. — Départ de Plancher-Bas. — En chemin de fer pour Saint-Hilaire. — En marche vers Suippes. — Travail de nuit à la pelle et à la pioche. — L'ordre de Joffre. — Violentes canonnades. — La grande bataille imminente.

JOURNAL

10 août.

Hier toute la brigade partit à pied jusqu'au haut du ballon de Servance, notre régiment de Plancher-Bas, et le 1ᵉʳ de Plancher-les-Mines. Pour nous c'était à peu près une trotte de trente-huit kilomètres, sac au dos, tenue de campagne complète. Ce fut une des plus jolies marches et des plus mémorables que j'aie jamais faites. C'était en grande partie dû à l'atmosphère. Après des semaines de pluie (il pleut de nouveau ce matin), nous avons eu la chance de tomber sur un jour de soleil ininterrompu, sans un nuage dans le ciel, d'un bleu presque tropical.

Après avoir quitté Plancher-les-Mines, la route devint extrêmement jolie jusqu'aux profondes vallées boisées du Rahin. Puis ce fut la longue montée par la route militaire. Le sommet de la montagne est sans arbres et couvert d'herbes. Là, à la faveur d'un jour de beau temps, comme il y en a un sur cent, la vue la plus merveilleuse se déployait devant nous. Au Sud, à deux cent trente-six kilomètres, le Mont-Blanc s'élevait dans sa grandeur isolée au-dessus de la chaîne du Jura. Plus à l'est, s'étendait toute la ligne neigeuse des Alpes — la Jungfrau, la Wetterhorn — les belles montagnes que j'avais vues pour la première fois à Berne, il y a un peu plus d'un an, avec André — encore plus romantiques et plus ravissantes, cette fois, à cause de leur grand éloignement.

Après déjeuner, je flânai seul aux environs et je découvris juste le bon point de vue, à l'endroit où le sommet herbeux se dérobe en précipice sur la profonde vallée, assombrie par les forêts de sapins et pleine du murmure du torrent. Une brume ensoleillée recouvrait les plaines de la Haute-Alsace. Deux ballons captifs étaient les seuls signes visibles de la guerre. Ils étaient là, suspendus, petits points dans l'espace, beaucoup plus bas que mon observatoire sur le sommet de la montagne. Je restai assis une heure environ, absorbé dans la contemplation de la beauté de cette vue lointaine sur les Alpes ; elle me remplissait à la fois de nostalgie et d'amour pour la splendeur de la Terre. Il est étrange que la dernière fois que je regardai la Jungfrau, j'étais en compagnie du comte de Liebermann, lieutenant au 5ᵉ régiment de la Garde prussienne. C'était dans le Thunersee, en Suisse. Je me demande où il est maintenant...

A midi, nous reprîmes le chemin du camp, derrière nos clairons. Trois hommes, qui avaient formé une espèce de petit orchestre à l'allemande avec trois vieux instruments de cuivre trouvés dans le village, les avaient emportés. Quand les clairons eurent terminé, ils entonnèrent dans les rangs une chanson de route, au grand amusement et à la surprise de tous, et chacun s'y joignit de bonne volonté. Les hommes étaient en excellente disposition et nous rentrâmes en chantant tout le long du chemin.

16 août.

Une autre bonne marche aujourd'hui, cette fois au sommet du Ballon-d'Alsace, le régiment marchant sans sacs. Partis à 4 heures du matin. Passé dans Plancher-les-Mines et suivi le même joli chemin de la vallée du Rahin, jusqu'au point où la ligne de Servance s'en éloigne. Là, nous continuâmes tout droit, puis nous montâmes, parmi les jolis bois de sapins, par des sentiers escarpés et pierreux jusqu'au sommet. Temps pas mauvais, mais pas aussi beau que la semaine dernière. Ciel plein de nuages dont les plus bas nous dérobaient l'horizon. Il y a un beau point de vue du sommet, où l'on trouve une descente à pic sur une vallée profonde avec de verts pâturages, des étangs, un chemin tortueux et une petite rivière qui fuit à travers de coquets hameaux, vers Massevaux et, au delà, dans les plaines brumeuses de l'Alsace. A une distance de quarante kilomètres, on aperçoit, peu distinctement, les cheminées d'usines et les clochers des églises de Mulhouse. Nous vîmes aussi le Hartmannsweilerkopf, sur lequel une bataille féroce s'est livrée l'hiver dernier. Salué silencieusement la lointaine Alsace qui sera probablement la scène de nos prochaines luttes. Rentrés l'après-midi dans les mêmes conditions que la dernière fois.

19 août.

Nous devons partir demain, probablement pour le front !

Vétrigne (près Belfort), 20 août.

Nous avions reçu l'ordre de nous tenir prêts à tout moment. Tard dans l'après-midi, le départ semblait différé ; ce ne fut qu'à 10 heures du soir, quand la plupart d'entre nous étaient endormis, que nous parvint la nouvelle définitive de notre départ pour aujourd'hui. En conséquence, nous fûmes éveillés vers 2 heures ce matin pour faire nos sacs. Partis peu après 4 heures. Marché jusqu'à Auxelles-Bas, où, bifurquant sur la droite, la perspective d'aller vers Thann ou sur le théâtre de la guerre près de Munster, se trouva dissipée.

Une matinée ravissante tandis que nous traversions le versant continental, qui sépare les eaux se jetant dans le Rhône et la Méditerranée de celles qui se déversent dans le Rhin et la grise mer du Nord. A l'est, en plein soleil levant, s'étendaient au loin les jolies plaines d'Alsace. Moments d'émotion inoubliable alors que nous avancions en chantant sur le chemin tortueux qui nous conduisait vers ce but glorieux ! Passé par la Chapelle-sous-Chaux et Sermamagny, où je me rafraîchis, pendant la pause, en compagnie d'un Algérien bronzé, des Tirailleurs, qui avait été à Arras. Arrivés ensuite par les faubourgs de Belfort jusqu'à ce village où nous sommes cantonnés pour vingt-quatre heures.

Je suis assis en ce moment sous un poirier géant, sur un talus vert, hors la ville, contemplant le plus ravissant paysage tandis qu'il s'estompe graduellement dans la lumière mourante du jour. De grandes plaines s'étendent dans le lointain — champs du plus somptueux vert, carrés cultivés, hameaux, boqueteaux, — limitées au sud-est par les montagnes « aux mille arêtes » de la Suisse qui s'élèvent, crête sur crête, chacune plus pâle que la précédente, vers les distants nuages, roses dans le couchant. On peut entendre le grondement du canon, plus éloigné maintenant, en Alsace. Deux ballons captifs se balancent au-dessus de la ligne du front. Un aéroplane revient vers Belfort après une reconnaissance effectuée au delà des lignes. Un convoi de camions automobiles soulève la poussière le long de la route blanche, vers l'est. Des automobiles s'élancent, vont et viennent. Soir d'été, exquisement paisible. Le vert des forêts et des champs n'a pas encore commencé à se rouiller ; mais déjà, dans la soirée, le frisson de l'automne se révèle. Moments de paix, douce mélancolie, résignation, contentement de soi. Dans le village, un chœur de soldats chantent la *Brabançonne·* Anniversaire de l'entrée des Allemands dans Bruxelles. Il y a un an je quittais Bruges pour venir m'engager à Paris.

Mortzwiller (Alsace), 21 août.

En Alsace enfin ! Quitté Vétrigne à 5 heures ce matin. Suivi la route de Cernay par Rappe et La Chapelle. Traversé l'ancienne ligne frontière sans démonstrations. Poteaux de route allemands. Changement immédiat d'architecture : maisons pittoresques, avec des murs de plâtre blanc et des poutres apparentes. Tous les habitants parlent l'allemand et un très mauvais français. De nombreuses indications en allemand.

24 août.

La possibilité d'une offensive en Alsace n'est pas si sûre maintenant. La raison de notre venue ici était de faire six jours de corvée en seconde ligne, chaque régiment de la division à tour de rôle. Quand ce sera fini, nous rentrerons, dit-on, à

Plancher-Bas ! Nous avons déjà fait deux jours de dur travail pour la réfection d'une seconde ligne de tranchées. Aujourd'hui, troisième jour, je suis malade et ne sors pas. Beau temps. Canonnade considérable par ici. Juste à côté de l'endroit où nous travaillons, se trouve une batterie d'au moins six canons lourds qui, dirigés par un ballon captif non éloigné, envoie des décharges terrifiantes auxquelles les Allemands répliquent faiblement ou pas du tout.

La nouvelle de la chute de Kovno rend l'heure fort grave. Cela indique le percement de la dernière ligne de défense russe et le commencement d'une retraite indéfinie dans l'intérieur. Reste à voir quelle partie de cette armée aura été détruite ou sera tombée entre les mains des Allemands, comme résultat de cette dernière manœuvre. Les choses vont mal pour les Alliés. Le seul espoir d'ultime victoire, que j'entrevoie, réside dans l'entrée en guerre à nos côtés des États Balkaniques.

C'est aujourd'hui l'anniversaire de mon engagement.

Plancher-Bas, 28 août 1915.

De nouveau revenus à Plancher-Bas ! Notre marche vers l'Alsace, autour de laquelle j'ai tissé tant de poésie, avait seulement pour but prosaïque un travail dans les secondes lignes de défense, de la même sorte que celui que nous exécutâmes à Blancs-Sablons. Après cinq jours de labeur nous revînmes par le même chemin, passant la nuit à Vétrigne. En route, nous rencontrâmes le 1ᵉʳ Étranger au complet, y allant à son tour. Une troupe à l'aspect endurci. Il n'y a rien en train et rien en préparation dans les secteurs de Haute-Alsace, qui sont tenus par des territoriaux. En rapprochant bien des choses, il m'apparaît que le grand état-major place en ce moment en arrière des lignes, aussi loin que possible, comme c'est notre cas, les meilleures troupes et garnit les tranchées avec des formations de seconde ligne et des territoriaux. Il reforme une armée active complète, qui ne devra pas être mise dans les tranchées, mais sera jetée immédiatement en avant dès la prochaine grande offensive. Un ami qui a été à Giromagny, où se trouve à présent l'état-major de la division, dit que l'attaque du 1er Etranger devant Arras a donné à la Légion une merveilleuse réputation et que nous sommes rangés maintenant parmi les meilleures troupes. Donc, plus de tranchées, mais alternances de périodes de travail et de périodes de repos et d'exercices jusqu'à ce que vienne le grand jour.

J'ai d'agréables souvenirs d'Alsace, où il n'est pas impossible que nous retournions dans une semaine pour faire de nouveau cinq ou six jours de corvées. Le soir nous nous réunirons encore au *Wirtschaft ;* nous boirons sec, nous chanterons et nous aurons bientôt recouvré notre bonne humeur après la rude journée de travail. Ici les gens sont tout à fait allemands dans toute leur apparence extérieure. Les jeunes gens servent dans l'armée allemande ; leurs petits frères et sœurs apprennent la *Marseillaise* à l'école du village. Un jour que j'étais malade et allais l'après-midi à l'infirmerie située dans la mairie, j'entendis une de ces classes. Après chaque strophe le professeur corrigeait les fautes de prononciation et le chœur des voix enfantines répétait après lui, en concert : *abreuve, marchons,* etc... Derrière la porte, dans le corridor, se trouvait une douzaine de paires de sabots en miniature.

1er septembre.

Grande nouvelle inattendue ce matin au rapport. Tous les volontaires américains de la Légion vont recevoir le privilège d'entrer dans un régiment français. J'ai toujours été loyal pour la Légion, et, malgré les nombreux mécomptes évidents, j'ai toujours senti que l'origine de la plupart des froissements au régiment, tenait à ce que nous n'avions jamais été en action et que, par conséquent, ne s'était jamais établi le lien résultant du danger partagé en commun, des mêmes souffrances supportées, des mêmes actions glorieuses accomplies, et qui unit les hommes dans une étroite camaraderie. Ce fut une grave erreur il me semble, de ne pas avoir mis les régiments en action immédiatement, quand nous arrivâmes au front l'année dernière alors que le régiment était fort et le moral bon, au lieu de nous tenir aux tranchées, dans des secteurs relativement calmes, dans un état d'inactivité bien fait pour envenimer toutes sortes de mécontentements. Bien entendu, le mécontentement est l'état d'esprit naturel du soldat, et moi qui ai l'habitude de regarder au fond des choses, j'ai toujours compris cela, mais il faut bien admettre que la mauvaise humeur a plus de motifs pour s'alimenter ici que nulle part ailleurs, car la majorité des hommes qui se sont volontairement engagés s'est trouvée jetée dans un régiment presque entièrement composé de la lie de la société, repris de justice et voyous, commandés par des sous-officiers qui nous traitaient tous sans distinction, comme ils ont l'habitude de faire en Afrique pour leur engeance indisciplinée. J'ai enduré cela depuis un an sans me plaindre, étouffant ma fierté plus d'une fois et pensant seulement au jour de l'épreuve, fermant les yeux aux conditions désavantageuses sous lesquelles j'étais accablé, parce que je pensais que ce jour-là, le régiment, que j'ai toujours cru de la catégorie des bons combattants, se comporterait bien et nous couvrirait tous de gloire.

Notre chance de voir de grandes choses est plus certaine que jamais, à présent que nous sommes réunis à la division Marocaine. Ceci m'a presque incité, en fait, à ne pas tenir compte de l'offre qui nous a été faite et à rester là où je suis, puisque peut-être la plus grande gloire échouera ici et c'est pour la gloire seule que je me suis engagé. Mais, d'autre part, après ce que j'ai enduré pendant un an, je sens de plus en plus le besoin d'être parmi des Français, chez qui la tradition militaire et patriotique est forte, avec qui ma bonne volonté serait peut-être reconnue et les besoins d'une nature sentimentale et romanesque comme la mienne seraient satisfaits. Je pense que, sans doute, je serais plus heureux et trouverais une expérience plus rémunératrice dans un régiment français, sans abandonner nécessairement pour cela les chances de prendre part à une grande action, qui sont si grandes ici à présent. Dans les régiments de la 7ᵉ armée, parmi lesquels on nous avait laissés libres de choisir, il y en a trois de l'active qui, paraît-il, sont sur la Meuse, dans des secteurs intéressants. J'ai fixé mon choix sur le 133ᵉ de ligne, dont le dépôt est à Belley et, pour le reste, je m'en remets à la Destinée.

13 septembre.

Une autre revue splendide ce matin à la Chapelle-sous-Chaux, devant le Président de la République et Millerand, accompagnés de nombreux généraux. Temps parfait. Frissonné au spectacle grandiose de la défilade, à l'audition de la *Marseillaise* et de la musique discordante des Tirailleurs. Toute la division était là. Des drapeaux furent remis au 1er et au 2e Etranger. Et maintenant, en rentrant, nous recevons la nouvelle de notre départ définitif pour demain. J'ai des raisons d'être triste de quitter Plancher-Bas. J'ai eu d'heureux moments ici.

Suippes, 16 septembre.

Quitté Plancher-Bas définitivement avant-hier soir. Le beau temps, qui avait duré sans discontinuer depuis plusieurs semaines, se gâta et le ciel gris était bien en accord avec la mélancolie que beaucoup d'entre nous éprouvaient en se séparant pour toujours d'un milieu qui nous était devenu si cher. Partis après la tombée de la nuit sous la pluie, nos fusils décorés de bouquets et nos musettes remplies des dons des bonnes gens du pays. Les Tirailleurs et les Zouaves, venant de la direction de Giromagny, nous précédaient. Nous prîmes le train à Champagney, à quarante-cinq hommes environ par wagon. Terrible manque de confort. Impossible d'allonger les jambes et de s'étendre à plat. Nombreuses rixes ; échangé des coups moi-même avec le caporal. Nous nous trouvâmes le lendemain matin à Vesoul et, de là, nous suivîmes la même route qu'en venant, c'est-à-dire par Langres, Chaumont, Vitry-le-François jusqu'à Châlons.

Nous avions entendu parler depuis quelque temps de la grande concentration de troupes au camp de Châlons et ne fûmes pas surpris de tourner vers le Nord et de nous arrêter à la station intermédiaire de Saint-Hilaire. Tout démontrait la grande offensive en préparation, troupes cantonnées dans le village, lignes de chemin de fer encombrées de trains, de canons et de matériel, mais plus sinistres et plus

significatifs étaient les hangars nouvellement construits d'évacuation pour les blessés, avec leur désignation sur chacun : « blessés assis » ou « blessés
couchés ». Violentes canonnades au débarquer.

Marché pendant sept ou huit kilomètres sur une
route nationale, puis fait une grande halte au coucher
du soleil, pour la soupe. C'est un agréable pays que
la Champagne Pouilleuse à travers laquelle nous
passâmes, avec ses grandes plaines et ses vastes
étendues. Le beau temps était revenu et la lune
croissante était suspendue dans le sud. Après la
grande halte nous nous remîmes en route à 10 heures.
Chacun était de bonne humeur et plein de joie à la
perspective de la grande action en préparation dont
tout nous démontrait l'évidence. Une violente canonnade nous accompagna pendant toute notre marche
et le ciel du nord était continuellement illuminé
par les fusées allemandes. Pendant notre dernière
pause, juste au moment d'entrer dans Suippes, plusieurs gros obus allemands tombèrent dans la ville
en faisant de terrifiantes explosions. Les lueurs sortant des canons embrasèrent tout le ciel comme des
éclairs d'été. Entrés dans la ville sombre et silencieuse vers 2 heures du matin. Les civils ont tous
été évacués apparemment. Traversé la ville et bi-
vouaqué en plein champ au delà. Bien dormi sur la
terre. Ce matin, nous avons avancé jusqu'ici dans
un grand boqueteau où nous avons planté nos
tentes... la première fois que nous le faisons sur le
front. On ne sait pas si nous allons monter aux tranchées ou attendre là jusqu'à ce que nous entrions en
action. Le 2ᵉ Etranger doit certainement y aller en
premier. Ce sera une affaire grandiose et la canonnade sera sans doute quelque chose d'inimaginable.
L'attaque, cette fois, sera probablement déclanchée
sur un large front. Notre premier objectif devra être

Vouziers et la ligne de l'Aisne, mais le but de l'état-major est probablement de rejeter entièrement les Allemands du nord de la France. Ceux qui ont survécu pour voir cela sont favorisés du sort et je vibre à la perspective certaine d'être au plus fort de la mêlée.

18 septembre.

Pris la pioche et la pelle hier au soir et avons avancé jusque sur le front — tout le régiment — où nous avons travaillé toute la nuit. Notre route nous ramena dans Suippes, noir et silencieux, où le clair de la lune, moins voilée cette nuit, éclairait des monceaux de ruines — murs crevassés, carcasses de bâtiments brûlés et tout un quartier complètement rasé par l'incendie que les Allemands ont dû allumer avant d'évacuer la ville, il y a un an. Pris le chemin de Vouziers vers le nord, dans la direction des tranchées, où le ciel était continuellement illuminé par les fusées éclairantes et la flamme des canons. A certains moments, pendant notre première pause, il dut y avoir une attaque quelconque, car les fusées allemandes commencèrent à s'élever subitement, comme les « bouquets » d'artifice de nos 4 juillet, et les lueurs des coups de canon redoublèrent, mais il nous fut impossible d'entendre aucune fusillade à cause du roulement des convois sur la grande route, à côté de nous.

Quelque temps après, pris un chemin sur le côté, dans la direction de Perthes-les-Hurlus. Grimpé une longue côte en gradins. Nos batteries tiraient de temps en temps tout près de nous. Pendant notre dernière pause, une demi-douzaine d'obus lourds allemands — probablement des 210 — tombèrent près de l'emplacement d'une batterie non éloignée et éclatèrent avec un bruit effroyable ; des fragments de projectiles vinrent s'égarer parmi nous, en sifflant.

Marché à travers les sapinières au sommet de la crête et, de là, par un profond boyau, arrivés devant un magnifique spectacle. Ici la position est importante et a dû être férocement disputée car elle domine toute la basse contrée qui se déroule vers le Nord. Là, illuminé par les fusées allemandes qui s'élèvent continuellement de leurs tranchées, à un mille environ au delà, s'étend le vaste champ de bataille qui, dans quelques jours, va être le théâtre de la plus effroyable lutte qui se soit encore livrée. Le vent avait chassé les nuages, toutes les étoiles scintillaient, la nuit était resplendissante. Nous formions une longue file, un homme portant une pioche, un autre armé d'une pelle, à cinq mètres d'intervalle les uns des autres, sur le versant nord à découvert, et nous commençâmes à creuser un immense boyau par lequel les troupes se précipiteront à l'attaque. Travaillé toute la nuit, puis pris le chemin du retour et atteint le bivouac à l'aurore. Une nuit fatigante, mais pouvons dormir tard et nous reposer tout le jour.

19 septembre.

Partis en corvée de nouveau la nuit dernière. Superbe nuit étoilée ; brillant clair de lune. Un plaisir de marcher, mais le travail était harassant et la route longue. Violent duel d'artillerie. Nos batteries avancées de canons lourds tiraient sans discontinuer. Les Allemands répliquaient moins fréquemment, mais quand leurs gros obus tombaient par deux ou quatre, les explosions en étaient terrifiantes, au delà de tout ce que j'ai encore entendu sur le front. Ils recouvraient les lignes de fumée à travers laquelle les fusées jetaient une faible lueur, se déformaient et rougissaient. L'odeur de la poudre imprégnait lourdement l'atmosphère. Le jour se levait quand nous rentrâmes...

Aujourd'hui, au rapport, le capitaine lut l'ordre du jour de Joffre annonçant aux troupes la grande offensive générale. La compagnie se groupa autour de lui et il nous exposa nos raisons d'avoir confiance dans le succès et une victoire qui chasserait définitivement l'ennemi hors de France. Les positions allemandes seront écrasées sous un ouragan de mitraille et, alors, le grand assaut sera lancé tout le long des lignes. Les chances de succès sont grandes. Ce sera une bataille sans précédent dans l'histoire.

21 septembre.

Hier au soir, une vingtaine de gros obus tombèrent autour de la gare de Suippes, qui se trouve juste à côté du parc, où sont nos bivouacs. Sortis pour les voir éclater ; pas de dommages sérieux. Partis en corvée après dîner. Les morts et les blessés furent emportés sur des brancards, à travers les rues de Suippes, qui ont été bombardées aussi. Le beau temps continue et nous eûmes une ravissante nuit de clair de lune et de gel. Dur travail jusqu'à 2 heures du matin, creusé des boyaux de communication. Des officiers s'en allèrent aux tranchées pour reconnaître le terrain. Le capitaine nous entretint de nouveau au rapport d'aujourd'hui et nous communiqua l'impression qu'il rapportait de cette visite. Il paraît que les Coloniaux mèneront l'attaque ; nous viendrons dans la troisième ou quatrième vague d'assaut. Notre objectif est la Ferme de Navarin, à trois kilomètres et demi environ derrière les *lignes* allemandes. Là, nous ferons halte pour nous reformer, tandis que tout le 8ᵉ Corps, y compris la cavalerie en grand nombre, passera par la brèche que nous aurons faite. Ces moments-là seront sublimes ; il y a de grandes chances de succès, et même de succès sans pertes sérieuses.

22 septembre.

Le jour doit être proche. L'artillerie donne de plus en plus violemment et cette nuit, tandis que j'écris à la lumière de ma chandelle sous notre tente, la canonnade est extrêmement vive tout le long de la ligne, vers Reims. Les Allemands continuent à bombarder Suippes et sa gare. Heureusement, ils n'ont pas découvert notre campement, car les Français font dans l'air des patrouilles continuelles et aucun aéroplane allemand n'ose venir jusqu'ici. S'ils nous bombardaient ici, l'effet de ces terribles 210 serait épouvantable. Aujourd'hui il en est tombé quelques-uns dans le parc, à quelque cinquante mètres de la tente. Je pensais qu'ils allaient nous ennuyer, mais ce n'était en réalité que des coups mal pointés, destinés à la gare et qui s'étaient égarés.

Passé une rude nuit au travail hier ; étant partis d'ici à 6 heures du soir, nous ne revînmes qu'à 6 heures ce matin. Cet après-midi, partis à Somme-Suippe pour tenter d'acheter quelque chose, mais il n'y a rien à se procurer. Le beau temps continue. Nous avons reçu des casques d'acier pour remplacer nos képis.

23 septembre.

Le bombardement de la gare a repris ce matin. Venu à la palissade voir éclater les obus. Les hommes du génie s'égaillèrent, comme d'habitude, dans les champs environnants, mais quelques énergiques restèrent pour conduire hors de danger les petits Decauville et un chargement d'obus. Quand le bombardement parut avoir pris fin, je les vis tous revenir en courant et commencer à creuser. Je me joignis à eux et j'aidai à dégager trois hommes qui avaient été enterrés vivants. Ils s'étaient réfugiés dans une profonde tranchée qui avait été creusée dans ce but. Mais un gros obus était tombé juste à côté de cette tranchée et avait enseveli les malheureux sous terre. Nous creusâmes et recreusâmes et, finalement, nous aperçûmes un morceau de vêtement. A grand'peine nous les libérâmes l'un après l'autre et les tirâmes de là, mais il était trop tard. Ils avaient été étouffés... Des rumeurs effarantes de victoires sur d'autres points de la ligne nous parviennent. On dit que les Français ont pris le plateau de Craonne et que les Anglais sont dans Lille.

24 septembre.

Nous devons attaquer demain matin. Donné nos couvertures ce matin ; elles doivent être transportées dans les wagons. Fait des paquets aussi, afin d'alléger nos sacs de tous les objets inutiles, y compris la seconde paire de souliers. Nous sommes admirablement équipés et si nous ne réussissons pas, ce ne sera pas par la faute de ceux qui sont chargés de nous approvisionner.

Une terrifiante canonnade a donné toute la nuit et elle continue. Elle augmentera d'intensité jusqu'à ce que l'attaque soit lancée, lorsque nous devrons trouver au moins la première ligne ennemie complètement démolie. Que réservent-ils pour nous dans leur manche ? Où rencontrerons-nous la plus forte résistance ? J'ai une très ardente confiance quant au résultat et j'espère arriver jusqu'à l'Aisne emporté par un élan irrésistible. J'ai attendu cette minute depuis plus d'un an ; ce sera le plus magnifique moment de ma vie. J'aurai grand soin d'être à la hauteur de cet instant.

NOTE. — Le journal s'arrête ici avec l'annotation suivante : « Ce journal est suivi d'un autre que je porterai dans la poche de ma capote. » Tous les efforts entrepris pour retrouver ce dernier journal ont été vains.

X

4 OCTOBRE 1915. — 13 AVRIL 1916.

La bataille de Champagne. — Occupation des premières lignes de tranchées allemandes. — Prisonniers terrorisés. — Quatre jours sous le bombardement. — La seconde ligne allemande résiste. — Impossibilité de percer. — Les contrastes entre les soldats français et les soldats allemands. — Revue après la bataille. — Un faux rapport. — Le peu d'importance de l'individu. — A l'arrière. — Une semaine de permission à Paris. — La mission Ford. — A l'hôpital. — Congé de convalescence. — Biarritz. — Retrouvé le manuscrit de Bruges.

A SA MÈRE

4 octobre 1915.

Je vous écris du bivouac pendant un moment de repos, entre deux batailles, pour vous dire que je vais bien et suis en bonnes dispositions. Le régiment a pris part à la grande action de Ch..., depuis le commencement : notre brigade fut la seconde à sortir des tranchées. Nous avons été sous un terrifiant bombardement pendant huit jours. Nous avons fait de nombreux prisonniers. J'envoie à S..., comme souvenirs, quelques lettres d'Allemands, ramassées dans les tranchées que nous avons prises.

       ALAN SEEGER

A sa Mère

25 octobre 1915.

Le régiment est au repos après la bataille de Champagne, à laquelle nous prîmes part depuis le commencement, au matin inoubliable du 25 septembre. Nous sommes cantonnés dans un plaisant petit village pas très éloigné de Compiègne, hors de la portée du bruit du canon. Il paraît qu'il circule des bruits absurdes au sujet du sort des Américains de la Légion ; aussi me hâté-je de vous faire savoir que je suis très bien. Quelques Américains furent blessés, mais aucun ne fut tué, à ma connaissance.

La part que nous eûmes dans la bataille est en peu de mots celle-ci : nous levâmes le camp vers 11 heures du soir, le 24, et avançâmes, à travers les ruines de Souain, jusqu'à notre place, dans l'un des nombreux boyaux où étaient massées les troupes d'attaque. La canonnade fut assez violente toute cette nuit-là, comme elle l'avait été depuis plusieurs jours ; mais, vers l'aube, elle atteignit une intensité inimaginable pour quiconque n'a pas assisté à une bataille moderne. Un peu avant 9 h. 1/4 le feu se ralentit soudain et le claquement de la fusillade parmi les détonations du canon, nous apprit que la première vague d'assaut était lancée et l'attaque commencée. Au même moment, nous reçûmes l'ordre d'avancer. L'artillerie allemande avait, alors, ouvert sérieusement le feu contre nous. A travers le bruit le plus infernal de toutes sortes d'armes à feu, dans une atmosphère lourde de poussière et de fumée, nous nous dirigeâmes par les boyaux jusqu'aux tranchées de départ. Par des échappées étroites et au-dessus de brèches faites dans le parapet par les obus, nous avions la rapide vision des lignes bleues se précipitant vers le sommet de la colline, ou silhouettées sur la crête, d'où elles se jetaient dans les tranchées allemandes. Quand la dernière vague de la brigade coloniale fut partie, ce fut notre tour. Baïonnette au canon, en lignes de tirailleurs, nous traversâmes l'espace découvert entre les lignes, pardessus les fils de fer barbelés (où, grâce à l'efficacité du bombardement, il était resté moins des nôtres que je ne l'avais craint) et au delà des tranchées allemandes, réduites en pièces et pleines de cadavres ennemis. A quelques endroits ils résistaient encore par groupes isolés. En face de nous, tout était fini et le troupeau des prisonniers était déjà dirigé vers l'arrière, tandis que nous avancions. Nous poussâmes des clameurs de triomphe, plus encore que de haine ; mais les pauvres diables, terrorisés, levèrent les mains, suppliant qu'on les laissât vivre et criant « Kamerad », « Bon Français », même « Vive la France ! » Nous avançâmes et nous arrêtâmes derrière la seconde crête, en colonnes par deux. Entre temps, des passerelles avaient été jetées sur les tranchées et sur les boyaux ; l'artillerie, abandonnant l'emplacement où elle était amarrée depuis une année entière, traversa et prit position à découvert ; c'était un spectacle grandiose. Des escadrons de cavalerie arrivèrent. Et soudain, la longue et peu pittoresque guerre de tranchées prit fin et le terrain présenta réellement l'aspect familier des tableaux guerriers : les bataillons en manœuvre, les officiers superbement indifférents au danger, galopant çà et là sur leurs chevaux de bataille. Mais, à ce moment, les canons allemands, replacés à l'arrière, commencèrent à tirer dans nos rangs et les obus éclatèrent au-dessus et autour des batteries et des troupes, certains avec une admirable précision. Là mon meilleur camarade fut frappé par un shrapnell à mon côté, grièvement mais non mortellement blessé.

Je l'ai souvent envié depuis lors. Maintenant, nos troupes avancées étaient en contact avec la seconde ligne des défenses allemandes et celles-ci se trouvèrent être d'un caractère si formidable, que toute tentative d'aller au delà, sans préparation d'artillerie préliminaire, fut hors de question. Et notre rôle, celui de troupes en réserve, fut de rester passifs, sur un terrain découvert, sous un feu qui devenait d'heure en heure plus terrifiant, tandis que les aéroplanes et les ballons captifs, aux projectiles desquels nous étions entièrement exposés, réglaient le tir.

Nous passâmes cette nuit-là sous la pluie. Avec les pioches et les pelles portatives, chaque homme se creusa un abri, aussi bien que possible. Le lendemain, notre artillerie commença de nouveau le bombardement et, de nouveau aussi, la fusillade annonça l'entrée en action de l'infanterie. Mais cette fois, nous ne vîmes arriver vers l'arrière que des blessés et pas de prisonniers. Je sortis et donnai de l'eau à l'un d'eux, anxieux d'avoir des renseignements. C'était un jeune soldat, blessé à la main. Son visage et sa voix trahissaient l'émotion de ce qu'il venait d'endurer à un point que je n'oublierai jamais. « Ah ! les salauds ! criait-il. Ils nous ont laissé avancer jusqu'aux fils barbelés sans tirer, puis là, ils nous ont envoyé une grêle de grenades et de balles. Mon camarade tombe, touché à la jambe, se relève et, une seconde après, a la tête emportée par une grenade, sous mes yeux ». — « Et les fils de fer barbelés n'étaient-ils donc pas coupés par le bombardement ? » — « Pas le moins du monde, en face de nous. » Je le complimentai d'avoir eu une « blessure heureuse » et d'être hors de l'action. Mais il pensait uniquement à son camarade et prit le chemin de Souain, soignant sa main déchirée, en compagnie de la caravane des blessés cherchant leurs postes de secours.

L'après-midi du 28 ce devait être notre tour. Nous avions passé quatre jours sous un bombardement presque continuel. Le régiment avait été décimé bien que la plupart d'entre nous n'eussent pas tiré un coup de fusil. Après quatre jours (comme j'espère bien ne jamais plus en vivre) à rester assis inactifs, écoutant le grave sifflement des obus de 210 millimètres qui arrivaient et éclataient plus ou moins à proximité de nous, c'était un réel soulagement de mettre sac au dos et d'aller de l'avant. Nous marchâmes en colonnes par deux, derrière une crête, puis au-dessus, et à travers un espace exposé au feu des 77 allemands, où nous laissâmes quelques hommes, et nous prîmes la formation d'attaque sur le bord d'un bois derrière lequel, quelque part, les ennemis étaient retranchés. Et là, nous eûmes la chance que notre colonel, un soldat de la vieille école, plus soucieux de l'honneur que du choix de l'instant opportun, eût été blessé aux premiers jours de l'action. Nous pensons tous que, s'il eût été au commandement, nous eussions été lancés dans le bois (et nous y serions allés avec élan) bien que le 1ᵉʳ Etranger ait attaqué héroïquement mais sans succès et ait été atrocement massacré. Le commandant de notre bataillon qui lui avait succédé dans le commandement, lorsqu'il fut averti, après une reconnaissance, que les fils n'étaient pas suffisamment coupés, refusa d'y risquer son régiment. Aussi vous pouvez le remercier.

Les derniers jours de la semaine, nous partîmes en première ligne pour relever les troupes d'attaque, fatiguées. C'était une position d'artillerie abandonnée par les Allemands, pleine de souvenirs des récents occupants et de témoignages de leur fuite. Ils ne firent pas de contre-attaque dans ce secteur et nous terminâmes cette période dans une tranquillité relative.

Après deux jours de repos à l'arrière, nous revînmes sur le champ de bataille. L'attaque du 6 octobre nous assura quelques gains réels, mais insuffisants pour que l'on appelle à l'action les troupes de poursuite au nombre desquelles nous sommes. Il devint de plus en plus évident que les secondes lignes de défenses allemandes nous opposaient des obstacles trop sérieux pour que l'on tentât de passer outre pour le moment, et nous commençâmes à travailler la nuit pour consolider nos tranchées avancées et les transformer en une nouvelle ligne permanente. Cette fois-ci, nous passâmes deux semaines sur le front, mais la chance voulut que le bombardement qui tonnait continuellement pendant cette période, ne s'appesantît jamais lourdement sur le bois où nous étions retranchés, de sorte que nous n'en souffrîmes pas sérieusement, en comparaison avec les premiers jours.

Actuellement, nous voici de nouveau très à l'arrière ; la bataille est finie et dans la paix de notre petit village, nous pouvons évaluer les résultats de la grande offensive à laquelle nous avons participé. Nul ne dénie qu'ils sont désappointants, car nous savons, nous qui avons entendu et acclamé l'ordre de Joffre aux armées, avant la bataille, que ce n'était pas uniquement une lutte pour une position, mais un suprême effort pour percer les lignes allemandes et libérer le territoire envahi ; nous connaissions l'immense préparation avant l'attaque, la confiance que nos officiers avaient en son succès et nous avions le souvenir de notre enthousiasme. Il est vrai que nous avons brisé la première ligne enne-

mie sur un large front, avancé sur une distance de
trois ou quatre kilomètres, fait de nombreux prisonniers et pris des canons. Enfin, ce fut une satisfaction que de sortir des tranchées, d'affronter l'ennemi face à face et de voir l'arrogance des Allemands
faire place à la supplication. Nous eûmes quelques
splendides moments qui nous payèrent des épreuves
nombreuses endurées en les attendant. Mais nous
échouâmes dans le but plus important de percer les
lignes, de rompre le long arrêt, et d'entrer triom-
phants dans Vouziers.

Cet échec, joint à la gravité prise par les affaires
dans les Balkans, rend l'heure présente tout à fait
sérieuse pour nous. Pourtant, on ne peut pas dire
que ce soit pire que certaines phases de notre guerre
civile, qui se présentèrent, même plus tard, alors
que les événements semblaient à tout le moins aussi
critiques pour le Nord. Ce fut lui, cependant, qui
sortit victorieux d'une guerre d'usure semblable à
la guerre actuelle.

Mais, vous me comprendrez probablement quand
je dis qu'être du côté des gagnants n'a jamais autant
compté, pour moi, qu'être du côté où vont mes sympathies. Cette affaire a rendu plus profonde encore
mon admiration pour les Français et plus grand
mon dévouement à leur cause. Si nous n'avons pas
entièrement réussi, ce n'est pas la faute du soldat
français. Il est meilleur, homme pour homme, que
l'allemand. Quiconque a vu, à Souain, la charge
des Marsouins, en pourrait témoigner. Rien, jamais,
ne fut plus magnifique. Je me rappelle un capitaine,
grièvement blessé à la jambe, qui, passant près de
nous, porté sur un brancard par quatre prisonniers
allemands, nous demanda à quel régiment nous
appartenions et, quand nous le lui eûmes dit, il
s'écria : « Vive la Légion ! » et se mit à répéter :

« Nous les avons eus, nous les avons eus ! » Il souffrait, mais, oublieux de sa blessure, il était encore enflammé par l'enthousiasme de l'assaut et rayonnant de la victoire. Quel contraste avec les blessés allemands, sur les traits desquels il n'y avait que de la terreur et du désespoir ! Quel est le stimulant de leurs cris de guerre de « Gott mit uns », et « Für Kœnig und Vaterland », comparé à celui qui exalte les hommes qui combattent réellement pour défendre leur Patrie ? Quelque force que donne, dans les conflits internationaux, le sentiment d'avoir pour soi la justice et tous les principes de moralité personnelle, il communique au moins, au soldat français, une énergie qui équivaut à celle de dix hommes, contre un adversaire dont la seule arme est la brutale violence. On ne peut concevoir qu'un Français, forcé de se rendre, puisse se comporter comme j'ai vu les prisonniers allemands le faire : tremblants, à genoux, ayant l'air de criminels réduits à la longue à l'impuissance et traînés devant la justice. Ces hommes doivent être poussés à l'assaut, ou grisés d'alcool. Tandis que les Français qui y montent sont possédés d'une passion auprès de laquelle pâlissent tous autres sentiments reconnus comme donnant plus de prix à la vie. Prototype moderne de ceux que l'histoire livre à l'admiration de tous les êtres qui aiment la liberté et l'héroïsme pour la défendre, c'est un privilège que de marcher à son côté, et, si grand, que rien de ce que le monde peut donner ne pourrait me faire souhaiter d'être ailleurs que là où je suis.

La plupart des autres Américains ont profité de la permission de passer dans un régiment français régulier. Il y a beaucoup d'arguments à l'appui de leur décision, mais je n'en suis pas moins resté fidèle à la Légion, où je me trouve content et y ai de bons camarades. J'ai placé ma fierté particulièrement dans la division marocaine, dont nous sommes la première brigade. Ceux qui marchent avec les zouaves et les tirailleurs algériens sont certains d'être là où il y a le plus d'honneur. Nous sommes troupes d'attaque à présent et, ainsi, nous assisterons à tous les grands coups sans avoir à subir la monotonie des longues périodes de garde inactive dans les tranchées, comme celles de l'hiver dernier.

Je suis heureux d'apprendre que Thwing s'est joint aux Anglais. Je le connaissais depuis Harvard. Il ne pouvait se contenter, je n'en doute pas, d'émotions minimes alors que l'on peut vivre de telles heures que celles vécues actuellement par de jeunes hommes dans les Flandres et en Champagne. C'est tout à son honneur. Il ne devrait réellement pas y avoir de neutres dans un conflit comme celui-ci, qui menace les intérêts de tous les peuples, sans exception. Aux neutres qui ont avalé ce que le peuple américain a consenti d'avaler de la part de l'Allemagne — dont les idéals sont si opposés aux siens — et qui, au cas d'une victoire allemande seraient si inévitablement perturbés, la question qu'il s'est posée, et à laquelle il répond si résolument, deviendra de plus en plus pertinente.

Carte postale militaire

27 octobre 1915.

Nous sommes au repos, loin en arrière ; ne vous tracassez donc point. Nous avons été passés en revue, hier, par le roi George, le président Poincaré, Joffre et Kitchener : notre glorieuse Division Marocaine, je ne sais combien encore de coloniaux, et des myriades de troupes de retour des champs de bataille de Champagne.

Carte postale militaire

(Écrite en apprenant qu'il a été désigné dans les journaux américains comme disparu ou tué dans la bataille de Champagne.)

30 octobre 1915.

Je suis navré à la pensée de ce que vous avez dû souffrir. Je pointerais mon fusil aussi volontiers sur celui qui a perpétré ce tour, que sur n'importe quel Allemand. Mais vous savez ce que sont les journalistes américains... Très bientôt une semaine de permission pour Paris. Je serai très heureux de voir mon poème imprimé. Toutefois, j'y ai relevé une faute de grammaire monstrueuse, après l'avoir envoyé. Je suis plus attentif habituellement. Il en faut blâmer les tranchées. Je vous écris d'un petit café, entouré des meilleurs de mes camarades. Vous devez reprendre courage à l'idée que je suis toujours content et réellement heureux, comme je ne l'avais jamais été auparavant et ne le serai probablement jamais après.

A sa Mère

9 novembre 1915.

Je me serais arrangé pour vous télégraphier après l'attaque si j'avais su que d'aussi absurdes rumeurs avaient été lancées. Ici l'on a une saine notion du peu d'importance de l'individu. Il faut faire un effort d'imagination pour concevoir que la disparition d'un être puisse avoir une importance spéciale pour quelqu'un ou quelque chose. Tant d'hommes,

et des meilleurs, sont partis et cependant la terre
tourne comme si rien ne s'était passé...

Votre lettre m'a rendu malheureux, naturellement,
car c'est seulement quand je pense à vous que le
doute d'avoir bien fait, en venant ici, peut s'insinuer
en mon esprit. Je sais que la philosophie ne peut
modifier les sentiments naturels du cœur, aussi me
garderai-je de commenter votre lettre. Je puis seulement dire que je suis parfaitement satisfait ici et
plus heureux que je ne pourrais l'être n'importe où
ailleurs. J'étais un spectateur, à présent je suis un
acteur. J'étais dans une anse, maintenant je m'ébats
au milieu du courant. C'est préférable à tous les
points de vue et, puisque c'était inévitable, il est
inutile de se lamenter...

A SA MÈRE

30 novembre 1915.

Nous avons la perspective de demeurer à l'arrière
tout l'hiver. Toute la division est au repos actuellement et y restera probablement jusqu'au printemps
prochain. Nous sommes troupes d'attaque et devons
participer uniquement aux grandes actions. Entre
temps, repos et exercices.

C'est une très grande chance. Je ne saurais assez
me féliciter de la prévoyance dont j'ai fait preuve en
restant avec la Légion au lieu de partir au 170° avec
les autres Américains. De temps à autre, je reçois
des lettres d'eux ; il paraît qu'ils sont toujours sur
le front de Champagne, dans le même secteur désolé — travail la nuit, garde aux avant-postes,
bombardements, luttes à la grenade — et ont déjà
eu trois hommes blessés et évacués. Tandis qu'ici
nous sommes absolument tranquilles, dans une grande

ville où l'on peut se procurer tout ce dont on a besoin, d'où l'on entend à peine le bruit du canon et,
la semaine prochaine, je vais à Paris avec une permission de huit jours. C'est la bonne vie. Je puis
aller au 8º Zouaves, si je veux, mais je ne suis pas
encore décidé. Je suis très bien ici. Les deux régiments n'en font plus qu'un actuellement, de trois
bataillons (ainsi que l'indique l'adresse). Notre ancien
drapeau est parti aux Invalides et nous marchons
maintenant sous l'étendard du 1ᵉ, décoré de la Croix
de Guerre avec palme, après la citation de mai dernier, pour l'affaire d'Arras.

A SA MÈRE

19 décembre 1915.

Je rentre juste après une semaine de permission
passée à Paris. J'ai eu du bon temps. Les sommes
en banque dont j'ai disposé, ont souvent aidé à rendre
agréables des moments qui, sans cela, eussent été
vides et décourageants. Et, naturellement, elles m'ont
aussi permis de procurer quelques joies à des camarades qui n'ont rien du tout.

La division ne va pas en Serbie, vous n'avez donc
pas besoin d'avoir d'inquiétudes à ce sujet. Nous ne
verrons probablement pas d'action avant le printemps. A ce moment, il y aura sans doute une autre
tentative foudroyante pour chasser les Allemands
hors de leurs positions, à laquelle je souhaite plus
de succès qu'aux précédentes.

Pendant ce temps, la conflagration s'étend et il
n'y a pas la plus petite lueur d'espoir de voir cela
finir avant des années. Cela est un peu décourageant.
Mais, de même qu'en temps de paix il n'y a rien de
meilleur que l'amour et l'art, en temps de guerre

il n'y a rien de mieux que combattre et l'on doit
s'en arranger aussi bien que possible, trouvant sa
récompense à sentir battre son cœur avec l'élite qui
accomplit les plus admirables choses, plutôt qu'avec
la multitude qui s'occupe à des besognes d'un ordre
secondaire.

Il doit y avoir quelque temps, maintenant, que
je ne vous ai écrit ; mais vous ne devez pas vous tour-
menter pour des intervalles comme celui-ci, car nous
ne sommes pas actuellement sur le front et nous ne
prendrons part qu'à de grandes actions, après lesquelles je verrai à vous faire aviser par télégramme.
Rien de nouveau ici. La vie est peu accidentée.

A SA MÈRE

27 décembre 1915.

J'ai reçu les deux boîtes de gelée de goyave en
parfait état, comme si elles étaient arrivées de Paris
au lieu de Cuba... Nous avons changé de cantonnement, il y a peu de temps, et nous sommes venus ici,
un petit village, environ à dix kilomètres au sud de
l'Aisne. Nous sommes ici en réserve, en cas d'offensive des Allemands, pendant la saison des pluies tor-
rentielles, ainsi qu'ils firent l'année derrière, car nos
positions au nord de la rivière sont un peu précaires.
Nous faisons face à l'ennemi, ici, à l'endroit où il
est le plus rapproché de Paris. Vous pouvez comprendre ma satisfaction de voir notre division parmi
celles auxquelles sont assignés maintenant les postes
les plus importants. Personnellement je ne pense
pas que les Allemands vont attaquer et je ne m'attends pas à voir une nouvelle action avant le printemps prochain.

La mission Ford est certainement amusante. Mais

vous vous trompez en croyant que les Etats-Unis sont
haïs ici ou même, de façon appréciable, ridiculisés.
Les notes de Wilson ont beaucoup plus fait rire que
l'excursion de Ford, par exemple, qui est au moins
une action, bien qu'une action mal conçue. Ses géné-
reuses raisons supposées sont généreusement recon-
nues et le ridicule que l'évidente futilité de la manœuvre peut exciter est tempéré par l'immense
désir secret de paix, qui est actuellement le courant
intérieur général en Europe. Seulement, toutes les
nations ont marché, maintenant, à travers de tels
flots de sang qu'elles pensent qu'il est moins pénible
d'aller droit de l'avant que de retourner au point
d'où elles sont parties, ce à quoi équivaudrait une
paix prématurée. Aussi cela doit aller jusqu'à ce
que les armes décident...

1er février 1916.

Je suis à l'hôpital pour la première fois, pas pour
une blessure, malheureusement, mais pour maladie.
Il est étrange que je puisse être malade cet hiver
quand nous sommes à l'arrière, tandis que j'ai passé
le dernier, d'octobre à juillet, dans les tranchées,
sans manquer un jour. Habituellement j'ai une attaque de grippe chaque année au milieu de l'hiver,
mais cette fois-ci cela me tint plus sérieusement que
jamais et la fièvre devint si forte que je dus être
évacué. On appelle cela une bronchite. Il y a deux
semaines que je suis ici et la fièvre revient toujours
régulièrement chaque soir, mais en diminuant maintenant. Revenu le vieil ennui de ne pas pouvoir res-
pirer profondément. Je vais mieux maintenant, mais
je suis faible. Jusqu'à nouvel ordre, ne m'adressez
plus les lettres au régiment, mais à la F. L. et T.
Co. La raison en est qu'après être parti d'ici j'aurai

un congé de convalescence, après quoi j'irai probablement au dépôt à Lyon, au lieu de retourner directement au régiment suivant la coutume. Puis, je
rejoindrai le régiment avec le prochain détachement
de renforts, mais je ne serai pas assigné au même
bataillon, ni à la même compagnie. Cela signifie très
probablement que je ne retournerai pas de sitôt au
régiment.

Voyant que la division n'est pas sur le front, cela
n'est pas fait du tout pour me déplaire. La vie à l'arrière, en temps de guerre, a beaucoup de désavan-
tages. Ce que l'on gagne en sécurité, on le gagne
aussi en ennui. La vie est excessivement dure, con-
sistant en exercices journaliers et, trois ou quatre
fois par semaine toute la journée, manœuvres de
bataillon ou de régiment combinées avec de longues
marches et toutes sortes d'inventions pour conserver
les troupes en forme. Cela est très bien par le beau
temps, mais le beau temps, en France, est rare pendant l'hiver. Les divisions du corps colonial, qui
auront à faire un travail considérable au printemps,
sont soumises à la plus dure espèce d'entraînement ;
car la guerre moderne s'est révélée une telle nouveauté que l'organisation et l'instruction militaires
ont dû être recommencées. Mais tout ceci est surtout
important pour les officiers et les sous-officiers. Je
connais assez bien mon travail maintenant pour pouvoir en être dispensé très facilement. J'aurai du
repos et un changement d'air, la liberté et la solitude et même la chance d'écrire un peu.

Pour mon livre de poèmes, il vaut mieux n'en pas
parler. C'est le grand désappointement de ma vie...
Quand je fus à Paris, je rencontrai toute l'Ambassade, depuis l'Ambassadeur jusqu'au moindre atta-
ché et ils ont pris l'affaire en mains et pourront
peut-être arriver subrepticement à l'extradition du

manuscrit. S'il est perdu, ce sera pour moi un coup terrible.

Vous avez raison de tirer le meilleur parti des moments de bonheur passés. Il est une notion bourgeoise commune qui, associée à l'idéal bourgeois commun d'un homme gagnant finalement assez d'argent pour pouvoir se retirer et vivre de ses revenus, dépeint la vie heureuse comme une sorte de progression régulière à travers des hauts et des bas, vers une espèce de plateau dont il peut ensuite parcourir tranquillement le sommet, une fois atteint, sur la surface polie d'un bien-être ininterrompu et indestructible. Il est parfaitement clair qu'une telle notion est entièrement illusoire, avec les multiples accidents dont la vie est susceptible ; car, même en supposant qu'un homme ait atteint un tel point par la réalisation de toutes les autres ambitions terrestres, il côtoiera toujours la rive instable de l'amour qu'il s'est créé et dont il dépend. Si elle s'écroulait sous ses pieds, par la mort ou l'abandon, il serait immédiatement plongé dans le plus noir des abîmes où aucune des autres choses qu'il aurait réalisées ne signifierait rien. Pour moi, je regarde la vie comme une série de hauts et de bas, à l'extrême haut (ou à l'extrême bas) jusqu'à la fin. L'idée de m'être élevé un peu plus haut que mon point de départ n'a jamais eu une place dans mes rêveries. Je n'ai jamais conçu qu'il puisse arriver un moment où l'agitation et la lutte soient rejetés définitivement en arrière. Mais je me suis cramponné passionnément aux moments de bonheur que les circonstances ont placés devant moi et bu profondément à leur coupe — l'important pour moi était l'instant où la joie était arrachée à l'oubli — et, à mon avis, la mesure d'une vie heureuse est simplement la proportion dans laquelle la somme des moments de joie qui y sont dispersés, à tort et à travers, contrebalance le total des instants malheureux.

Je puis ne pas être de retour au régiment avant le printemps, mais je marcherai avec lui pour la grande attaque. Cet été verra la campagne décisive de la guerre. Si nous pouvons percer, emporter tranchées et fortins, précipiter l'ennemi vers la fuite, avancer vers le Nord, toujours vers le Nord, au cours des nuits rougies par les flammes des villages incendiés, entrer dans les grandes cités envahies et délivrer une population captive et opprimée depuis deux ans — ce serait une expérience qui résumerait celles d'un millier d'années ; ce serait une émotion qui compenserait, et au delà, tous les sacrifices que j'ai faits, quelque chose qui vaille vraiment la peine de risquer sa vie. Si nous ne réussissons pas cette fois, il sera à peu près prouvé qu'une telle chose est impossible.

A SA SŒUR

26 février 1916.

Votre lettre m'a trouvé ici, à l'hôpital, où je suis depuis un mois, pour une bronchite ou une congestion pulmonaire, ou tout autre nom qu'on se plaira à donner à ma maladie. Je sortirai bientôt et alors j'aurai un congé de convalescence d'un mois, ce qui signifie un repos de deux mois, la liberté et le confort en arrière des lignes, pour terminer cet hiver de la pire espèce. Alors, rejoignant le régiment, j'arriverai juste à temps pour la grande offensive, ce qui est la seule chose qui importe réellement.

Vos lettres ont toujours pour moi un double intérêt, non seulement relativement parce qu'elles viennent de vous, mais aussi, absolument, parce qu'elles

émanent d'une personnalité très particulière. Le
vieux Yeats (que, soit dit en passant, vous devez connaître, s'il est toujours au même endroit, quatre cent
et quelques West, 29th Street, chez Mlles Petitpas)
avait coutume de définir la Culture comme la compréhension et l'emploi de l'intelligence, considérés
comme un instrument de plaisir.

Vous paraissez avoir cette compréhension à un
degré remarquable. Remarquable surtout, parce que
chez les femmes qui se voient rejetées *ipso facto* des
nombreuses occupations entre lesquelles les hommes
ont à choisir, pour faire de la vie quelque chose qui
vaut d'être vécu, c'est avant tout la sensibilité qui
est développée, bien au delà et aux dépens de toutes
les autres facultés, comme la rose que les jardiniers
rendent parfaite, en coupant tous les autres boutons
sur la tige. Et vous êtes remarquable aussi parce que
la vie émotive ne vous est pas fermée, comme elle
l'est à la grande majorité des femmes « intellec-
tuelles », dont l'intellectualité est seulement un artifice pour dissimuler un vide, mais vôtre quand il
vous plaît de vous y livrer.

De toutes les formules que revendique ma prime
jeunesse, celle dont je suis resté partisan est celle
des trois catégories — soif de puissance, soif de sentiments, soif de science — à l'une ou l'autre desquelles je puis affecter tous ceux qui, dans leur
passion de vivre en toute plénitude, sont les sur-
hommes, l'élite de l'humanité. Prenez comme types
respectifs : Napoléon, Byron, Pico della Mirandola.
Tous les esprits supérieurs se rattachent, d'une
façon plus ou moins lointaine, à l'un de ces trois
idéals. Je ne fais aucune distinction entre eux; qu'ils
atteignent au sommet par l'une quelconque de ces
voies, ils sont également admirables. C'est dans le
savoir que vous cherchez la révélation ; je la cherche

dans le sentiment. Mais je comprends les sentiers que vous avez choisis parce que, en fait, je les ai suivis moi-même.

Comme vous pouvez vous en souvenir, dans mes années de collège, j'étais un dévot de la Science pour la Science. Pendant ces années-là ma vie fut intellectuelle, à l'exclusion de presque toute autre chose. Les événements de cette vie furent pour moi des aventures positives. Il en est peu, j'en suis sûr, qui aient employé plus que moi leur intelligence comme instrument de jouissance. Je m'exclus moi-même complètement de la vie de l'Université, si remplie cependant de plaisirs. Je me moquais de ces amusements, qui n'étaient pour moi qu'une écume frivole. Je n'éprouvais pas le besoin de la camaraderie. Je menais la vie d'un anachorète. A un âge où les instincts sociaux sont ordinairement les plus vifs, j'en vins à comprendre les plaisirs de la solitude. Mes livres étaient mes amis. M'ouvrir les armoires de la bibliothèque du collège, un rare privilège, c'était m'ouvrir les portes d'un paradis terrestre. Dans ces allées sombres j'aurais passé des après-midi entières, broutant parmi les vieux in-folio, suivant une ligne de recherches qui, souvent, n'avait aucune relation avec mes cours; la suivant simplement pour le plaisir, comme l'explorateur découvrant de nouvelles contrées. Jamais je n'ai regretté ces années. Elles m'apportèrent leur contribution. Leurs plaisirs étaient tranquilles et purs. Leurs désirs étaient simples et toutes les manières de les satisfaire à portée de la main.

Je n'ai pas besoin de vous décrire mon apostasie envers la science, parce que vous pouvez la trouver parfaitement décrite par Balzac. Prenez le cas d'Eugène de Rastignac, dans le *Père Goriot*, ou, plus particulièrement, de Raphaël de Valentin, dans la *Peau de Chagrin*. Jeunes gens, comme moi, absorbés dans leurs études, acceptant joyeusement la solitude et la pauvreté dans la poursuite de leur propre intérêt, ils furent soudain éblouis par la vision du monde et les formes plus brillantes de plaisir qu'ils pouvaient avoir par les Sens. Aussitôt, le charme fut brisé. De ce moment ils furent hantés par une image qui détruisit irrémédiablement en eux la paix de l'esprit, la sincérité d'intention, le pouvoir de concentration, si essentiels à la vie intellectuelle. Leur pauvreté devint fastidieuse, leur isolement intolérable. Obsédés par la vision brûlante du bonheur, ils quittèrent les tranquilles bosquets de l'Académie et descendirent à sa recherche dans la cité.

Telle a été, sans doute, l'histoire de beaucoup de jeunes gens. Mais mon hédonisme, si cela peut s'appeler ainsi, n'était pas superficiel comme celui de tant d'autres, pour qui l'émotion signifiait seulement les plaisirs des sens. Je fus au plus haut point conséquent avec moi-même. Car, voyant dans le microcosme toute la Nature tourner autour des deux pôles jumeaux, Amour et Lutte, d'attraction et de répulsion, je ne vis pas moins, dans le microcosme de mon individualité, la vie émotive divisée également entre ces deux principes cardinaux. Se consacrer à l'Amour seul, comme Ovide l'a joliment confessé de lui-même dans plus d'une de ses élégies, c'est bien jusqu'à un certain point, mais cela ne va qu'à mi-chemin et mon désir était de suivre toute la gamme, de « boire la vie jusqu'à la lie ». Mon intérêt dans l'existence fut la passion, mon but, de l'expérimenter dans tout ce qu'elle a, de rare et raffiné, sous toutes les formes intenses et violentes. La guerre ayant éclaté, il était donc naturel que je jouerais ma vie pour apprendre ce qu'elle seule pouvait m'enseigner. Comment aurais-je pu laisser des millions d'autres hommes connaître une émotion dont je serais resté ignorant ? Les moindres d'entre eux, alors, n'auraient-ils pas pu parler de la chose qui m'intéresse le plus, avec plus d'autorité que moi ? Vous le comprenez, la voie que j'ai prise était inévitable. C'est donc une raison de moins de se lamenter si cela me conduit à ma perte. Les choses qui nous laissent des regrets poignants sont celles qui ne nous semblaient pas nécessaires, qui auraient pu, nous paraît-il, être différentes. Ce n'est pas mon cas. Ma venue ici n'est pas un accident. C'est la conséquence inévitable, comme vous voyez, d'une ligne de conduite choisie délibérément.

Je me demande souvent si vous éprouverez jamais une révolution dans les sentiments semblable à celle que je vous ai décrite et si vous serez parjure aux idoles auxquelles vous avez été jusqu'ici fidèle, absorbée par une nouvelle passion, qui se trouvera soudainement devenir toute votre vie, toute votre pensée et tout votre désir... Vous avez sans doute appris un grand nombre de choses cette année. A ce que vous savez déjà, laissez-moi, en terminant cette lettre, ajouter un avis. N'autorisez pas l'Age seul à donner conseil. Il y a aussi cette autorité que seul possède celui qui, ayant été aux barrières mêmes de la Mort, ignorant à quel moment son appel peut venir, a, d'un regard en arrière, vu la vie d'un coup d'œil que l'on ne peut avoir que de cet angle seulement. J'ai vu toute ma vie se dérouler dans de tels moments. Et je peux vous assurer que, dans ce panorama, toutes autres choses s'évanouissaient, obscurcies par la brume de l'oubli à travers laquelle brillaient seulement, claires et distinctes comme des îles vertes et ensoleillées, les heures où nous avons aimé et où nous avons été aimés.

C'est pourquoi, écoutez mon avis. Si jamais vous

vous trouvez tout à coup dévorée par la passion divine, consultez seulement votre cœur. Abandonnez-vous à vos instincts. Possédée par la force qui retient les étoiles dans leurs orbites, vous ne pouvez pas vous tromper. Car c'est la Nature qui s'affirme en vous, et dans la Nature seule est la Vérité. Qu'importe si votre abandon entraîne la déception et le malheur. Vous aurez encore enrichi votre vie de quelques parcelles d'une beauté qui ne s'évanouira jamais... car l'amour est le soleil de la vie. L'âme qui s'en approche est resplendissante de beauté comme Vénus, dont les rayons, tant elle est proche, ne sont jamais vus seuls, mais unis à ceux du soleil. Les êtres vivants qui nient cela sont comme Neptune, ou ces planètes mortes encore plus éloignées s'il est possible, errant en cercle dans les sphères froides de l'au-delà, sans verdure, sans chaleur, sans joie...

A sa Mère

Argizagita, Biarritz, Basses-Pyrénées, 7 mars 1916.

J'espère que vous avez eu mes lettres de l'hôpital assez tôt pour être rassurée et savoir que je n'étais pas à Verdun. Cela doit avoir été un réconfort pour vous. Naturellement, c'est pour moi une cause de grands regrets et je tiens cela pour un tour de mauvaise chance. Je sais que la division partit de bonne heure pour la scène de l'action ; une espèce de « quatrième alarme », comme dans un incendie, qui les emporta tout le long du chemin, depuis le camp de Crèvecœur, dans l'Oise. Mais je n'ai pas encore pu savoir s'ils ont été engagés et jusqu'à quel point. Toutes mes lettres à cet effet sont restées sans réponse.

Les Français paraissent avoir très bien réussi dans cette bataille et, jusqu'ici, je suis tout à fait content du résultat. Si les Allemands se trouvent incapables d'avancer sur ce front, comme cela semble, à présent, cette affaire peut marquer le tournant de la guerre et il est certain, en tous cas, qu'elle aura sur celle-ci un effet très important.

N'est-ce pas aimable à Mme de Bonand de m'avoir invité ici pour ma convalescence? C'est un endroit des plus merveilleux ; je ne crois pas qu'il y ait un plus beau site à Biarritz. La maison aussi est le véritable idéal du confort et du luxe. Imaginez-moi, après avoir couché un an et demi tout habillé, dans les tranchées et les granges, dormant maintenant dans le lit le plus voluptueusement doux, au milieu d'une chambre rose et blanche, avec une salle de bain carrelée à côté! Une petite lampe pour lire est près de mon oreiller, pour la nuit ; le matin, dans les environs de 10 heures je presse un bouton et une femme de chambre vient, ouvre mes volets et m'apporte du café au lait, du pain grillé et de la confiture. De ma fenêtre, la vue est superbe : à droite, un petit coin de mer qui rappelle on ne peut plus les peintures de la baie de Naples, avec une montagne derrière, comme le Vésuve. Puis, tout autour du reste de l'horizon, la longue ligne des Pyrénées, couvertes maintenant de neige, jusqu'au pied. L'air, naturellement, est agréable et je dois bientôt être, de nouveau, en bonne forme.

Je suis désolé d'apprendre que vous n'avez pas pu rester à La Havane... Tous les climats me sont indifférents, mais les meilleurs maintenant sont ceux qui sentent la poudre dans le jour et qui, la nuit, sont illuminés par les fusées éclairantes.

Allons, bon courage, et mille affections.....

Paris, 13 avril 1916.

J'ai été négligent pour écrire mais, sachant que je n'étais pas en danger, je n'ai pas senti le même besoin de vous tenir informée...

J'ai beaucoup savouré ces vacances qui, avec le temps que j'ai passé à l'hôpital, m'auront donné trois mois et demi hors de l'armée. J'en ai eu d'autant moins de regrets que, ni le régiment, ni aucune des unités de notre corps d'armée, n'ont été en action; ils sont toujours restés en réserve, engagés seulement à renforcer les arrières-lignes de défense — ennuyeuse besogne. Quand je m'en irai, le 1ᵉʳ mai, j'arriverai, probablement, juste à temps pour les grandes attaques du printemps.

Vous ai-je écrit que l'Ambassade s'était arrangée pour avoir mon manuscrit de Bruges? Ce fut très intéressant de relire cet ouvrage que j'avais entièrement oublié. J'y ai trouvé beaucoup de bonnes choses, mais beaucoup qui étaient trop « jeunes » et je ne suis plus aussi pressé maintenant de le publier tel qu'il est; j'en ferai probablement des extraits, que je joindrai à ce que j'ai écrit depuis.

Je partirai le 1ᵉʳ mai sans regrets. Ces visites à l'arrière me confirment dans ma conviction que ce que l'on fait sur le front est, jusqu'à ce point, l'occupation la plus intéressante pour un homme en ce moment, que rien d'autre ne compte en comparaison....

XI

12 MAI. — 28 JUIN 1916

Un mois à Paris. — Une vue des pays envahis. — La mort de
Colette. — Une visite aux fils de fer barbelés allemands. —
Bellinglise. — Logements souterrains. — L'Ode à la Mémoire
des Volontaires Américains tombés pour la France. — Un séjour
dans les bois. — Le colis bienvenu. — Tranquillité précédant
l'offensive de la Somme. — Le dernier sonnet. — Une marche
pénible. — Départ pour l'attaque dans la première vague...

A une Amie

12 mai 1916.

Après avoir passé un très agréable mois à Paris,
je suis revenu au front le premier de ce mois. J'ai
pris ma grande part de tous les plaisirs que Paris
peut donner (et c'était Paris dans toute sa beauté).
J'ai vécu comme si j'étais en train de dire adieu à
la vie et, maintenant, je suis tout à fait content
d'être revenu. Cela ne me fait pas plus d'effet que
si j'allais à la campagne pour l'été ; j'ai la sensation
d'être dans un immense et magnifique camp de jeunes
gens, où le travail est un jeu, la guerre un sport,
et où chacun est joyeux et de cœur léger.

Cette brillante impression est due, en partie, au
printemps, en partie à la beauté de nos environs et
à la tranquillité du secteur. Nous sommes au cœur

d'une forêt printanière ; les violettes et les muguets fleurissent dans l'ombre des hêtres ; les coucous et les tourterelles roucoulent dans le feuillage épais. Nos tranchées sont d'un côté d'une petite vallée ouverte, et l'ennemi est de l'autre côté. Mais aucun des deux n'ennuie l'autre sérieusement ; on entend rarement un coup de fusil et même l'artillerie n'est pas trop active. Nous ne sommes pas ici pour combattre, mais simplement pour remplacer des troupes qui sont allées à Verdun et, incidemment, pour exécuter une série de durs travaux destinés à renforcer nos lignes. Nous avons eu des jours où le réveil était à 3 h. 30, le rassemblement à 4 heures ; travail jusqu'à 10 heures, soupe et repos jusqu'à 11 h. 30 ; puis, de nouveau, travail jusqu'à 5 heures. Des journées comme celles-ci amèneraient une grève en temps de paix, quand les hommes gagnent dix francs par jour de travail ; ici, où ils gagnent cinq sous, personne ne murmure.

Nous occupons une position dominante et, des postes d'observation de l'artillerie, ou par des éclaircies dans le feuillage, on peut voir, en arrière, dans le pays envahi. C'est un des plus splendides paysages, forêts, vergers, petits villages aux toits de tuiles rouges, que l'artillerie française a soigneusement épargnés. Il y a pour moi quelque chose de fascinant dans ces profonds horizons du nord. Ce nord de la France est devenu, pour mon imagination, une sorte de pays enchanté, tant il semble si inaccessible, si mystérieux, si isolé du monde extérieur ! Penser que ces étroites lignes de terre rouge retournée, en face de nous, ces réseaux de fils de fer barbelés et un ennemi complètement invisible derrière, nous empêchent d'aller de l'avant et de libérer ce pays ! Je suis resté assis longtemps à rêver devant ces splendides horizons, me demandant ce qui se passait dans ces villes et villages perdus du Nord, où, depuis presque deux ans maintenant, trois millions et demi de Français vivent complètement séparés du reste de leurs compatriotes. On m'a dit que le matin de Pâques, les artilleurs virent, avec un télescope, les civils se rendant à l'église, le long d'une route de campagne, à sept ou huit kilomètres derrière les lignes. Une patrouille, qui approcha très près d'un village situé juste sur les lignes allemandes, rapporta qu'elle avait entendu un rire de femme dans la nuit. Tout ce que j'ai entendu ici, est l'éternel « Français, Kaput ! » que les Allemands lancent au lever du soleil, tout le long du front.

J'avais espéré arriver juste à temps pour une grande offensive, mais, jusqu'à présent, on n'en voit aucun signe. Peut-être l'affaire de Verdun a-t-elle réellement retardé nos plans, comme les Allemands en avaient sans doute l'intention en la déclanchant. On dit que notre général de division était très désireux d'aller sur la Meuse mais qu'il lui fut recommandé d'être patient, parce qu'un honneur plus grand nous était réservé pour plus tard. Notre corps d'armée tout entier n'a pas été affecté par la bataille de Verdun. J'espère qu'il y en a assez d'autres comme lui pour nous permettre de reprendre l'offensive, dans un avenir prochain, avec autant de chances que nous en avions en Champagne, l'automne dernier, où quelqu'un commit des bévues, ce qui nous arrêta juste au bord du succès. Cambrai, Saint-Quentin, Laon, Vouziers, quelle émotion d'y entrer derrière nos drapeaux déployés et musique en tête ! Cela sera dur, mais je ne pense pas que ce soit impossible...

A sa Marraine, Mme Weeks

13 mai 1916.

Je présume que vous avez reçu ma lettre d'il y a quelques jours. Voici le troisième jour de notre période de repos. Il a plu toute la journée, ce qui a été assez bien accueilli car cela signifiait : pas de travail. Vous savez que, même au repos, nous sommes supposés travailler, juste pour rester occupés et à l'abri des méfaits que Satan est supposé suggérer aux mains oisives. Le château, dans les jardins duquel nous sommes cantonnés, a un nom des plus beaux : « Bellinglise ». N'est-ce pas joli ? Je pense qu'il me faudra faire un sonnet pour l'enchâsser, comme on fait un anneau spécialement pour y sertir un joyau. C'est un merveilleux vieux manoir du XVIIe siècle, entouré d'un domaine seigneurial. Quelle est cette exquise stance de « Maud », quelque chose comme : « Dans le soir, à travers les lilas (ou les lauriers) de la vieille maison seigneuriale ? » Cherchez-la et envoyez-la moi. Ou envoyez-moi une petite copie complète de « Maud ». Mais cela serait trop difficile à trouver.

A une Amie

19 mai 1916.

Après un mois délicieux à Biarritz et un autre à Paris, je revins ici le premier du mois. J'ai passé vraiment un temps si agréable, comme j'ai déjà dit, que je suis revenu le cœur tout à fait léger...

Le secteur était le plus tranquille que j'aie vu et d'une grande beauté, dans les profondeurs d'une forêt printanière. La vie ici, en dépit d'un travail pénible, ne semblait pas autre chose qu'un « camping » et la guerre paraissait seulement une autre manière agréable de passer l'été. Ces brillantes impressions, cependant, reçurent un terrible choc hier et, comme je suis encore sous le coup de cette émotion, je vais vous le décrire.

Avec le temps chaud, nous avions abandonné les abris souterrains et établi, sous les arbres, de petites tentes-abris, où nous dormions ou nous reposions, entre les heures de garde. Les trous étaient trop chauds et trop sales et le secteur paraissait si calme, qu'il n'y avait pas de danger. Il y avait des duels d'artillerie journaliers mais batterie contre batterie, et nous n'étions jamais dérangés. Hier matin, cependant, un aéroplane allemand vint au-dessus de nos lignes. La canonnade fut violente tout le jour, mais nul n'y fit attention et la plupart d'entre nous étaient couchés sous leur toile de tente, quand tout à coup : « Whizz-Bang ! Whizz-Bang ! Whizz-Bang ! », une terrifiante rafale de shrapnells commença à éclater juste au milieu de nous. Nous nous élançâmes dans les abris, mais il était inévitable qu'il y eut des victimes. Gémissements de l'extérieur. Cris appelant à l'aide. Un sergent et sept hommes avaient été touchés. Le cas le plus sérieux était celui du caporal Colette, un merveilleux compagnon que chacun aimait. On l'emporta sur une civière, mais il mourut avant d'avoir atteint l'ambulance. Ravage dans notre petit camp qui avait été si paisible. Air plein de poussière et odeur de poudre ; sol jonché de feuilles et de branches ; tentes, vêtements, équipements criblés de trous ; éclaboussures et traînées de sang sur la terre. Naturellement, depuis cette affaire, nous avons dû retourner dans les abris où, dans la profondeur du sol, nous vivons dans des trous comme ceux que je me souviens

avoir vus sur les images de nos vieilles histoires natu-
relles, qui représentaient une tortue, un hibou et un
serpent, vivant joyeusement ensemble, dans le même
terrier ; ici, ce sont des hommes, des rats et de la
vermine.

Ceci est un épisode typique de notre vie au front.
Cela arrive rapidement et est rapidement oublié. La
vie est si peu de chose ici ! La vie du soldat a ses
durs moments, mais le côté brillant ne manque pas
non plus : bonne santé et bonne camaraderie, l'attrait
du danger, les joies du plein air, la marche, et les
récréations quand nous retournons à l'arrière.

Je vous écris ceci de la première ligne de tranchées. Un aéroplane français est en train de tourner
en cercle au-dessus de nos têtes et est bombardé par
les Boches. C'est la fin d'un magnifique jour de printemps. A la tombée de la nuit, nous irons au poste
avancé pour reprendre la garde. Nous ne prenons pas
ce secteur très au sérieux, car nous savons tous que
de grandes choses sont en préparation, dans lesquelles
notre division espère gagner de nouveaux lauriers.
Ceci est simplement un intérim...

A sa Marraine

23 mai 1916.

La semaine dans les tranchées fut une semaine du
temps le plus splendide... Ces jours ont été attristés
par la mort du pauvre Colette dans le bombardement, et par la douleur de son frère, revenu maintenant, après l'enterrement. Ils furent marqués aussi
par deux après-midi d'émotions mémorables. Exas-
péré par l'inactivité du secteur et tenté par le danger, je m'éloignai furtivement, deux fois, après la

garde, et je fis une patrouille à moi tout seul à travers les sentiers du bois et les chemins entre les lignes. Dans ceux-là, à un croisement de sentiers, pas très éloigné d'un de nos postes, je trouvai une baguette de fusée brûlée plantée dans le sol et un fragment de papier fixé au sommet, placé là par les Boches pour les guider dans leurs petites excursions malfaisantes, quand ils viennent nous rendre visite la nuit. Le fragment de papier n'était autre chose qu'un morceau du *Berliner Tageblatt*. Cela me parut si intéressant, que je le racontai au capitaine, quoique ma sortie, seul, dans ces conditions, fût une chose strictement défendue. Il fut très convenable cependant à ce sujet et parut vraiment intéressé par le renseignement. Hier après-midi, je recommençai cet exploit, suivant un autre chemin, et j'allai si loin que j'arrivai en vue des fils de fer barbelés allemands, où je laissai une carte avec mon nom. Ce fut vraiment quelque chose d'excitant, « courtiser sa perte en raillant, la solliciter par des invites », comme aurait dit Whitman. Je n'ai jamais vu un secteur comme celui-ci, où les patrouilles peuvent être faites en plein jour. Ici la forêt épaisse le permet. Cela aussi facilite les embuscades, et il faut rester dans les sentiers par crainte des fourrés. Moi et quelques autres, nous allons essayer d'obtenir la permission de sortir en patrouille d'embuscade et d'en ramener quelques prisonniers vivants. Ce serait un exploit tout à fait extraordinaire si nous pouvions y arriver. Dans notre existence actuelle c'est la seule manière, je crois, d'obtenir la Croix de Guerre. Et pour être digne de ma Marraine, je pense que je dois l'avoir.

Voici deux sonnets que j'ai composés durant les longues heures de garde... Je vous renverrai le Tennyson après m'en être délecté, car on doit alléger le sac le plus possible. J'ai retrouvé toutes les anciennes beautés et j'en ai découvert de nouvelles. Lisez les derniers paragraphes de *Maud* et voyez si vous ne pensez pas qu'ils ont un rapport frappant avec la situation présente.

NOTE. — Ici se trouve placée la poésie intitulée *Bellinglise* que l'on trouvera traduite avec les autres poèmes.

A sa Mère

23 mai 1916.

Nous voici juste de retour après six jours en première ligne. Nous sommes logés dans une grande carrière au milieu des bois. Il y fait assez froid et humide à l'intérieur, mais c'est extrêmement pittoresque : d'immenses galeries souterraines, carrées, taillées dans le roc solide ; nuit noire à l'intérieur, avec, çà et là, de petits points de lumière aux endroits où les hommes piquent leurs chandelles.

La semaine en première ligne fut très agréable. Le temps était superbe et je ne me suis pas ennuyé un instant, ni pendant les beaux jours où un soleil sans nuages filtrait à travers les branches de la forêt, ni dans les nuits étoilées qui, à cette époque de l'année, s'évanouissent même avant 2 heures, dans la merveilleuse aurore printanière. Rien de plus adorable dans la nature que ce lever du jour, dans le nord-ouest, en mai et juin. On entend le chant des coqs dans les villages de ce mystérieux pays, en arrière des lignes allemandes. Puis les coucous commencent à chanter dans les vertes vallées et, tout d'un coup, presque simultanément, tous les oiseaux de la forêt se font entendre. Le canon peut gronder et les fusils peuvent partir, le programme de la nature se poursuit toujours dans le même ordre.

La probabilité d'une grande action dans un avenir prochain s'évanouit de plus en plus. L'opinion générale est que Verdun a, non seulement, mangé beaucoup de monde, mais, ce qui est plus important, beaucoup de munitions. Comme les Français paraissent faire de sérieux efforts en contre-attaques et même sur une large échelle, pour regagner une partie du terrain perdu, je ne m'attends pas à quelque chose sur d'autres points du front, à moins que ce ne soit du côté des Anglais. S'il est démontré que nous avons maintenant repris Douaumont, ce sera un magnifique exploit. Je demanderai la permission de sortir et de laisser les journaux sur les fils de fer barbelés des Allemands. J'ai déjà fait plusieurs patrouilles ici et je connais le pays.

Adieu, et « bon courage ».

A SA MARRAINE

1er juin 1916.

Quel amer désappointement ! Après avoir travaillé fiévreusement à mon poème et l'avoir fini en l'espace de deux jours, en dépit du travail et des autres corvées, voici que le 29, puis le 30 arrivent et la permission ne vient pas ! C'eût été un tel honneur et un tel plaisir de lire mes vers à Paris ! Je comptais vous voir et avoir un moment de répit à la dure vie que nous menons ici. Avoir éveillé mes espérances et me laisser ainsi dans l'abandon, ce fut certainement cruel ! J'attends une explication. J'ai envoyé hier mon Ode à ceux qui me l'avaient demandée, pour montrer que, moi au moins, j'avais accompli ma tâche. Ils pourront peut-être la publier dans le *New-*

York Herald, mais, puisqu'elle n'a pas embelli la cérémonie à l'occasion de laquelle elle fut écrite, c'est comme si elle était mort-née et tout son effet est détruit.

Sur ces entrefaites, nous sommes revenus en première ligne et nous sommes de nouveau dans le petit camp où Colette fut tué. C'est curieux comme on oublie rapidement au front. Pendant quelques jours, après ce désastre, les hommes restèrent dans les abris, mais maintenant, nous sommes de nouveau imprudents comme auparavant et nous vivons dehors par ce beau temps, bien que la même chose puisse arriver à tout moment. J'ai une charmante petite maison que j'ai faite en ployant de jeunes arbres et en les rattachant au-dessus de la tête en un toit feuillu. Dans cette maison, j'ai fait un lit de quatre troncs fixés en un rectangle d'environ trois pieds sur sept, entre lesquels est fixé un treillage de fil de fer, et recouvert de paille neuve ; voilà une couche des plus propres et des plus confortables. Tout alentour s'élèvent les parfums champêtres et les bruits de la forêt, et le soleil du matin verse ses rayons à travers le feuillage épais.

De quoi ai-je à vous remercier depuis ma dernière lettre ? Du briquet, je pense, et du flacon en aluminium ; les deux étaient exactement ce qui convenait. Vous ne pouvez imaginer quel plaisir on éprouve à recevoir ces paquets. Vous comprenez, maintenant nous vivons entièrement dans les bois et jamais nous ne retournons au village de cantonnement ; aussi est-il extrêmement difficile de se procurer de petits extra, de quelque espèce que ce soit. Le quart et demi de vin (un quart de litre naturellement) donné par le Gouvernement, doit suffire, le pain grossier de l'armée doit être mangé sec, et le repas finit sans dessert. C'est pourquoi les colis sont si

bien accueillis et le plaisir de les recevoir ne peut
se comparer à rien, si ce n'est à celui d'un enfant
ouvrant son soulier de Noël. N'est-ce pas pathétique
d'être réduit à un état où les grandes possibilités de
volupté d'un homme se bornent à la satisfaction du
vulgaire sens du goût, le plus bas de tous ?

Le jeune homme remarquable que vous me décrivez
comme ayant été vu chez Lavenue était probablement
moi-même, car c'était mon plaisir, à cette époque,
d'être remarquable, exactement comme c'est le contraire maintenant. Alors qu'autrefois mon but était
de me particulariser, ce m'est actuellement une plus
grande satisfaction de me perdre dans l'ensemble et
de me sentir le plus infime engrenage de la puissante
machine qui moud l'avenir du monde, quel qu'il
doive être...

A sa Mère

4 juin 1916.

Nous sommes de nouveau de retour d'une période
de six jours dans les tranchées, — à l'arrière, mais
pas très loin — environ à cinq cents mètres de la
première ligne, dans la grande carrière que je pense
vous avoir déjà décrite. Ces six jours s'écoulèrent
assez paisiblement, bien que les Allemands soient
devenus agressifs par moments, et, approchant de
nos postes, sous le couvert de la forêt, en plein jour,
aient tiré sur nos sentinelles sans cependant faire
aucun dommage. Ce secteur présente un caractère
passionnant que je n'ai pas trouvé dans les autres :
les bois épais permettent aux patrouilles de circuler
entre les lignes au grand jour. Il y a des rencontres
et des embuscades fréquentes. C'est un très bon
sport.

J'ai peine à croire que nous restions ici beaucoup plus longtemps ; l'ennemi pousse si fort le jeu sur tous les fronts que nos réserves devront être bientôt jetées dans la lutte. Il y a une consolation : c'est que, quand nous irons, ce ne sera pas pour s'asseoir dans un fossé à attendre sous un déluge d'obus ; mais nous irons directement à l'action, magnifiquement, inopinément et, c'est probable, victorieusement, dans quelque attaque foudroyante, même si l'affaire est seulement d'importance locale.

A ce moment, mettez, comme moi, votre confiance dans le grand dieu « Chance », qui nous apporte dans la vie, non seulement nos infortunes, mais aussi nos plus grands moments de bonheur. Pensez au grand nombre de ceux qui sont frappés sans gloire, par accident, en temps de paix. La guerre est une autre espèce d'assurance sur la vie ; tandis que l'assurance ordinaire garantit à un homme que sa mort rapportera de l'argent à quelqu'un, celle-ci lui donne l'assurance que cette mort sera un honneur pour lui, ce qui est, à un certain point de vue, beaucoup plus satisfaisant.

Un comité de Paris m'avait demandé d'écrire une Ode à la mémoire des volontaires américains tombés pour la France, pour être lue au « Decoration Day », à une petite cérémonie devant la statue de Washington, à Paris. On devait me donner une permission de quarante-huit heures à ce propos. Je n'avais que deux jours devant moi, jours employés à creuser des boyaux avec la pioche et la pelle ; mais, en faisant un effort, je me suis arrangé pour composer le poème à temps voulu. Puis, ensuite, la permission n'est jamais arrivée. Imaginez si j'ai été désappointé !

Nous avons le plus beau des temps et je suis en excellente santé. Je dors en plein air autant que pos-

sible. Naturellement, nous serions dehors tout le
temps, si ce n'était pour le bombardement qui rend
plus sage de rester dans les abris. Ce sont des
choses formidables maintenant ; trous creusés en
tunnels, à trente pieds ou à peu près, sous terre. A
l'intérieur, des lits en treillage de fil de fer tendus,
sont placés par rangées, comme des hamacs sur un
bateau.

A SA MARRAINE

4 juin 1916.

J'ai peine à croire que nous restions ici beaucoup
plus longtemps. J'ai le pressentiment que nous en-
trerons bientôt dans l'action. La dernière rumeur
est que nous irons prochainement à Verdun, pour
relever la 2ᵉ division marocaine. Ce serait magnifique, ne croyez-vous pas ? Le long voyage pour
nous rapprocher de plus en plus de la fournaise, la
canonnade lointaine, l'approche de la ligne de bataille à travers l'arrière congestionné, plein de
scènes dramatiques, les salutations des troupes qui
ont déjà combattu : « Bon courage, les gars ! » et
puis notre propre début dans quelque foudroyante
affaire ! Verdun nous manque. J'aimerais vraiment
y aller car, après la guerre, j'imagine que les Français seront divisés en deux camps : ceux qui furent
à Verdun et ceux qui n'y furent pas...

A SA MÈRE

15 juin 1916.

Je suis revenu dans un petit village de l'arrière
pour dix jours faisant partie d'un détachement

envoyé pour apprendre le maniement d'une nouvelle
arme qui sera mise en usage, pour la première fois,
dans les prochaines attaques.

Cela a été dix jours de confort et de plaisir rela-
tifs, car on pouvait dormir en paix la nuit, enlever
ses souliers — ce qui est pour nous inaccoutumé —
et, dans le jour, après la soupe, il y avait de petites
auberges où l'on pouvait de nouveau s'asseoir devant
une table et savourer le café, le pain et les confitures, et le vin entre 5 et 8 heures tous les soirs.

La nouvelle arme, qu'il ne m'est pas permis de
décrire, est un instrument excellent qui devrait
donner de bons résultats. Je suis content d'en avoir
une, car c'est une position qui comporte une certaine responsabilité et où il y a place pour l'initia-
tive personnelle.

Notre heure de relève ici semble de plus en plus
proche maintenant. Nous irons probablement à l'arrière pour un court repos avant les grandes attaques,
qui ne sauraient être éloignées désormais. Je ne
vous écrirai pas plus longuement avant l'arrivée de
ces grands événements. Les mots sont bien futiles
en un tel moment et ne servent à rien. J'ai déjà dit
tout ce que j'avais à dire : que je suis content d'être
ici, que je n'ai pas de regrets et que je ne voudrais
pas être ailleurs que là où je suis. Tous deux nous
avons à être braves, et vous, en plus, devez être
patiente. Quand nous irons à l'action vous le saurez,
car le communiqué français sera brillant ce jour-là,
pour la première fois depuis que nous aidâmes à le
rendre tel l'automne dernier en Champagne. Comme
je l'ai dit, nous ne quitterons probablement pas les
tranchées dans la première vague, mais nous serons
troupes de poursuite. Si nous réussissons aussi bien
que sont en train de le faire les Russes en Galicie,
nous devons avoir quelques moments admirables. Si

je suis blessé, je vous télégraphierai immédiatement...

A sa Marraine

18 juin 1916.

De nouveau sur le front. Mais, par une heureuse
chance, notre arrivée tomba juste le matin du retour
de la compagnie aux baraquements, dans le parc du
château, pour un repos d'une semaine, après avoir
passé cinq jours dans les tranchées. Ainsi se trouve
un peu prolongée la bonne vie de l'arrière. Pas de
village où acheter quelque chose et avoir du café
après dîner, mais très beaux environs, tranquilles
promenades où rêver, calme, et, pour le confort
matériel, nous pouvons acheter maintenant du lait et
des œufs au château. Je ne dors plus dans les baraquements ; j'ai étendu mon lit dehors dans les bois,
et, bien que je n'aie pu trouver de paille jusqu'à présent, je dors très bien sur le sol...

Ne vous tourmentez pas au sujet de la longueur
de vos lettres ou du plaisir que j'ai à les recevoir.
Cicéron, interrogé sur celui des discours de Démos-
thène qu'il préférait, répondit : « le plus long. »
C'est la même chose.

La perspective d'une prochaine relève, ou un changement de scène et une participation à une grande
action, rendent ces jours très passionnants. Je vous
tiendrai au courant de nos déplacements.

21 juin 1916.

Quitté notre calme secteur dans le centre, ce
matin, relevés par un régiment territorial. Nous
avons marché jusqu'ici, un petit village de l'arrière.

Demain, nous prenons le train pour une destination inconnue. Beau temps chaud d'été. Les grandes attaques viendront bientôt maintenant. Souhaitez-nous bon succès. Il est passionnant d'être enfin en mouvement et je suis joyeux et content. Je vous renvoie le Tennyson pour alléger mon sac...

J'aurai vingt-huit ans demain.

NOTE. — Cette lettre contenait le dernier poème d'Alan Seeger, traduit à la page 271 du volume.

A sa Marraine

24 juin 1916.

Le voyage pour venir ici a été rude. Après une marche de très bon matin, d'environ dix kilomètres, nous prîmes le train et fîmes un voyage de quatre ou cinq heures. Puis nous partîmes dans la chaleur du jour, pour la marche la plus dure que j'aie jamais faite. Il y eut là vingt kilomètres à faire, sous un soleil flamboyant, dans un nuage de poussière, avec quelque chose comme trente kilos sur le dos. Environ cinquante pour cent des hommes tombèrent en route. Par un suprême effort j'arrivai au bout, avec les quinze qui restaient de la section. Les hommes manquaient tous d'entraînement, après un si long temps passé dans les tranchées, sans aucun exercice. Le champ de bataille ne vous fait plus peur après des épreuves comme celle-ci, qui demandent autant de « cran » et souvent plus d'endurance.

Désormais, je ne vous écrirai probablement plus que des cartes postales. Dans de pareils moments les paroles sont inutiles.

Pensez à moi quand vous lirez le premier grand communiqué; nous aurons eu une part brillante dans les actions qui y seront relatées.

A un Ami

28 juin 1916.

Nous montons à l'attaque demain ; ce sera probablement la plus grande affaire encore entreprise. Nous aurons l'honneur de marcher dans la première vague. Pas de sac, mais deux musettes, toile de tente roulée sur l'épaule, profusion de cartouches, de grenades, et baïonnette au canon.

Je vous écrirai bientôt, si je m'en sors ; sinon, mon seul souci terrestre est pour mes poèmes. Ajoutez à mon dernier volume l'Ode que je vous ai envoyée et les trois sonnets et vous aurez *opera omnia quæ existant*.

Je suis content de marcher dans la première vague. Quand on est dans de telles affaires, le mieux est d'y être en plein.

Et ceci est la suprême expérience.

CONCLUSION

Les événements des quelques jours suivants, les derniers qu'Alan Seeger passa sur cette terre, ont été racontés en ces termes, par son compagnon d'armes et ami, un Egyptien, Rif Bear :

Dans la nuit du 30 juin au 1ᵉʳ juillet nous quittâmes Bayonvillers pour nous rapprocher de la ligne de feu. Nous allâmes au Proyart, en réserve d'armée. Le 1ᵉʳ juillet à 8 heures l'on nous rassembla pour le rapport et l'on nous annonça que l'offensive générale commencerait à 9 heures sans nous, puisque nous étions en réserve, et que l'on nous aviserait du jour et de l'heure où nous entrerions en action. Le rapport terminé, nous fîmes la corvée d'obus ; nous déchargions les obus de « 205 » des camions automobiles qui les amenaient jusqu'à nous.

Il régnait partout un remue-ménage effroyable. Les coloniaux avaient enlevé les premières lignes allemandes et des milliers de prisonniers arrivaient de partout, et les ambulances défilaient continuellement sur les routes. Avides de nouvelles, nous délaissions notre travail pour courir aux renseignements, qui étaient de très bon augure.

Vers 4 heures, nous quittâmes Proyart à destination de Fontaine-les-Cappy, en première ligne. Alan était radieux et attendait impatiemment le moment de prendre part à l'action. Partout c'était le délire et la joie d'avoir repoussé l'ennemi sans pertes de notre part. L'on croyait ne plus éprouver de résistance et que notre choc serait fatal aux Allemands. Après avoir passé la nuit à Fontaine-les-Cappy, nous nous dirigeâmes le matin vers les anciennes premières lignes allemandes. Je passai presque toute la journée avec Alan ; il était heureux ; une émotion délicieuse l'étreignait, me disait-il, « mon rêve approche ; c'est peut-être ce soir ou demain que nous attaquerons. Je suis très content mais cela m'ennuie un peu à cause de la permission du 4 juillet. Je n'ai aucun espoir de revoir Paris avant le 6 ou le 7, mais si cette permission ne m'est pas accordée, Maktoub, Maktoub », ajouta-t-il en souriant.

Le champ de bataille était relativement calme ; peu d'obus tirés par l'ennemi en déroute et nos troupes avançaient de tous les côtés ; les coloniaux avaient pris Assevillers et le lendemain nous devions les remplacer en première ligne. Le 3 juillet, vers midi, nous nous dirigeâmes vers Assevillers et nous devions faire la relève avec la tombée de la nuit. Nous allâmes, Seeger et moi, visiter Assevillers. Il avait son calme habituel. Nous ramassâmes des souvenirs, des cartes postales, lettres, des carnets de route, tout en bavardant... quand, tout à coup, l'on appela : la compagnie se rassemblait pour aller en première ligne.

Le soleil s'était couché, une pénombre croissante enveloppait la terre ; à la faveur des ténèbres naissantes la relève se fit sans incident. On ignorait les positions allemandes en les supposant à quelques cent mètres de nous, tandis que réellement ils avaient reculé jusqu'à Belloy-en-Santerre et n'avaient laissé devant nous que quelques sentinelles et petits postes avancés. Toute la nuit fut employée à se fortifier, creuser des tranchées et faire des patrouilles

pour se rendre compte de l'emplacement de l'ennemi. J'étais en petit poste et Alan travaillait.

A l'aube, je rencontrai Alan et lui demandai ses
impressions. Il était enchanté. « Sans ces sales pelles
et pioches ce serait superbe, me dit-il, mais ces
outils tuent le charme de la guerre. Heureusement,
ajouta-t-il, que c'est fini, — maintenant c'est la
guerre en rase campagne et nous n'aurons plus de
tranchées », — et il me montra ses mains si fines,
salies et meurtries par le dur labeur de terrassier.
La pluie commença à tomber et nous courûmes chacun de notre côté nous mettre à l'abri sous nos toiles
de tente.

Vers 4 heures, le cri : « En tenue ! en tenue pour
l'attaque ! » passe de bouche en bouche et fait naître
un remue-ménage. L'on ne peut s'empêcher de penser à cet avenir si inquiétant qui se présente à nos
yeux. Une minute d'angoisse... jusqu'à ce que l'on
prenne les dernières dispositions et, une fois dans
les rangs, les figures deviennent calmes et sereines ;
une sorte de gravité règne sur tous ces visages
jeunes et mâles, sur tous se lit la décision, l'espoir
de vaincre. En prenant ma place je rencontre Alan,
qui va rejoindre la sienne ; nous nous serrons la
main et nous souhaitons de tout cœur bonne chance.
Notre compagnie est la réserve du bataillon. Deux
bataillons doivent attaquer Belloy-en-Santerre. Les
compagnies formant la première vague sont déployées dans la plaine ; les baïonnettes brillent au-
dessus des blés déjà très hauts.

La première section, la section d'Alan, forme la
droite et l'avant-garde de la compagnie et la mienne
forme l'aile gauche. Après le premier bond, nous
nous couchons à terre et je vois la première section
prendre de l'avance sur nous ; elle se dirige vers
l'extrême droite du village de Belloy. J'aperçois

Alan, je l'appelle et lui fais un signe amical de la main. Il me répond d'un sourire.

Comme il était pâle ! Sa haute silhouette se détachait sur le fond vert des champs de blé ; il était le plus grand de sa section. La tête haute, le regard fier, je le voyais courir, baïonnette au canon ; bientôt il disparut. C'était la dernière fois que je voyais mon ami...

Cette lettre a été écrite en français par M. Rif Bear.

*
* *

Un autre combattant qui a participé à l'attaque de Belloy-en-Santerre a écrit pour *La Liberté* le récit palpitant qui suit :

6 heures du soir.

La Légion attaque Belloy-en-Santerre. Le 3ᵉ bataillon doit enlever la partie sud du village. D'une ruée il part, ses deux compagnies de tête fonçant droit devant elles, sous un ciel d'éclatements, à travers un chaos de détonations... En avant !

Les hommes vont vite, crispés à leurs armes, les uns serrent les dents, les autres crient.

Encore trois cents mètres à franchir et ils aborderont l'ennemi... En avant...

Mais soudain les mains se détendent, les bras s'ouvrent, les corps chancellent, croulent ou piquent sur le sol, tandis que le claquement des mitrailleuses allemandes promène la mort sur la prairie où tout à l'heure des hommes passaient.

Dissimulées dans le chemin d'Estrées à Belloy elles ont pris les nôtres d'enfilade, prenant pour cible la 11ᵉ compagnie.

Dans les hautes herbes des plaintes montent, puis le cri des vivants appelant leurs chefs. Mais tous, officiers ou sous-officiers, sont tombés. « Mon capitaine... Mon lieutenant... Sergent... »

Rien.

Une voix soudain clame : « Y a plus de chefs ! Allons-y tout de même, nom de Dieu !... Allons-y ! A plat ventre, les gars, celui qui lève la tête est foutu... En avant !... »

Et les Légionnaires repartent en rampant, continuent l'assaut.

Les blessés voient passer la deuxième vague, puis la troisième. Ils encouragent les camarades : « Hardi, les copains, mort aux Boches ! Allez-y ! »

L'un d'eux sanglote et rage : « Dire que je ne peux pas y aller ! »

Et les herbes frémissent, remuées en bas par la passée des hommes, fauchées en haut par la rafale des projectiles.

Accroupies dans leur chemin creux, les mitrailleuses allemandes travaillent, travaillent !

Maintenant, dans la prairie, plus un mouvement : les vivants ont passé. Les morts étalés ont des poses de dormeurs ; les blessés exsangues se taisent ; ils écoutent, ils écoutent la bataille de toutes leurs oreilles, cette bataille proche qui se livre sans eux. Ils guettent le haut cri sublime que lancent les hommes à l'heure du grand assaut. « Où sont-ils ? » murmurent quelques-uns.

Tout à coup, comme bondissant des herbes, là-bas, vers Belloy, une clameur puissante a jailli vers le ciel.

« En avant ! Vive la France ! Vive la Légion ! Ah... Ah... Ah... »

Et les notes d'un clairon tintent, éperdues : c'est le brave Renard de la 11ᵉ qui sonne la charge.

La Légion, d'un élan final, aborde le village... Les grenades crépitent, les mitrailleuses trépident...

Un temps qui semble à ceux couchés là démesuré, interminable, un temps d'angoisse, pendant quoi se devine l'homme tuant l'homme face à face.

Les mourants se sont redressés, les blessés se soulèvent comme si tous voulaient voir.

Du fond du champ de bataille, un cri accourt, s'enfle, se répète : « Ils y sont, ça y est ; Belloy est pris ! »

Et les blessés crient, hurlent : « Ça y est ! Belloy est pris ! »

Ils sont magnifiques ces gens terreux, sanglants. C'est la *Légion tombée* qui salue la gloire de la *Légion restée debout*. Belloy est à nous ! Vive la France ! Vive la Légion ! Vive la France !

*
* *

Parmi ceux qui,

> In that fine onslaught that no fire could halt,
> Parted impetuous to their first assault,

un des premiers à tomber fut Alan Seeger. Mortellement blessé, ce fut sa destinée de voir ses camarades le dépasser dans leur splendide attaque et d'être exclu du moment suprême de victoire auquel il avait si ardemment aspiré pendant des mois d'épreuve et de souffrance amère. Avec ces autres glorieux blessés de la « Légion Tombée » il acclamait les nouvelles vagues se lançant à l'attaque et écoutait anxieusement les cris de triomphe qui lui annonceraient leur succès.

Tout secours était impossible à ce moment. Dans cette zone de mortels feux-croisés, il ne pouvait y

avoir qu'une seule pensée — en sortir vivant si possible. Ce ne fut donc que le lendemain que son corps
fut retrouvé et enterré avec quelques vingtaines de
ses camarades, sur le champ de bataille de Belloy-
en-Santerre.

Là, dans les faubourgs du petit village, « repose
le soldat. Il est maintenant sans épouvante au milieu du canon qui tonne, et, dans sa nuit, il dort en
paix sous l'éternelle fusillade...

« Pour que d'autres générations puissent — dans
les ans à venir, libres de l'opprobre et de la menace
— posséder un plus riche héritage de bonheur, il
marcha à cet héroïque martyre ».

III

POÈMES

(1914-1916)

THE AISNE (1914-15)

We first saw fire on the tragic slopes
  Where the flood-tide of France's early gain,
Big with wrecked promise and abandoned hopes,
  Broke in a surf of blood along the Aisne.

The charge her heroes left us we assumed,
  What, dying, they reconquered, we preserved,
In the chill trenches, harried, shelled, entombed,
  Winter came down on us, but no man swerved.

Winter came down on us. The low clouds, torn
  In the stark branches of the riven pines,
Blurred the white rockets that from dusk till morn
  Traced the wide curve of the close-grappling lines.

In rain and fog that on the withered hill
  Froze before dawn, the lurking foe drew down ;
Or light snows fell that made forlorner still
  The ravaged country and the ruined town.

L'AISNE (1914-15)

Pour la première fois nous vîmes le feu sur les coteaux tragiques, où le flux des premières victoires de la France, grossi de promesses détruites et d'espoirs abandonnés, se brisa en une vague de sang le long de l'Aisne.

Nous reçûmes la mission que les héros français nous laissèrent et nous préservâmes ce qu'en mourant, ils reconquérirent.

Dans les tranchées glaciales, harcelés, bombardés, enterrés, l'hiver s'appesantit sur nous, mais nul ne fléchit.

L'hiver s'appesantit sur nous ! Les nuages bas, qui semblaient déchirés entre les branches raides des pins éclatés, brouillaient les fusées blanches qui, du crépuscule à l'aube, jalonnaient la large courbe des lignes des combattants agrippés !

Sous la pluie, dans le brouillard qui gèle avant l'aurore sur les collines blanchies, l'ennemi rampant se tapissait ; ou la neige légère rendait en tombant la campagne ravagée et la ville détruite encore plus lugubre.

Or the long clouds would end. Intensely fair,
   The winter constellations blazing forth —
Perseus, the Twins, Orion, the Great Bear —
   Gleamed on our bayonets pointing to the north.

And the lone sentinel would start and soar
   On wings of strong emotion as he knew
That kinship with the stars that only War
   Is great enough to lift man's spirit to.

And ever down the curving front, aglow
   With the pale rockets' intermittent light,
He heard, like distant thunder, growl and grow
   The rumble of far battles in the night.

Rumors, reverberant, indistinct, remote,
   Borne from red fields whose martial names have won
The power to thrill like a far trumpet-note, —
   Vic, Vailly, Soupir, Hurtebise, Craonne...

Craonne, before thy cannon-swept plateau,
   Where like sere leaves lay strewn September's dead,
   I found for all dear things I forfeited
A recompense I would not now forego.

Ou bien, les longs nuages se dissipaient : intensément claires, les constellations hivernales — Persée, les Gémeaux, Orion, la Grande Ourse — proclamant leur splendeur, étincelaient sur nos baïonnettes pointant vers le nord.

Et la sentinelle solitaire aurait pris son essor sur les ailes de la grandiose émotion, réalisant cette affinité avec les étoiles, à laquelle, seule, la Guerre est assez puissante pour élever l'âme de l'homme.

Et toujours le long du front sinueux, éclairé par la lueur intermittente des pâles fusées, elle entendait, distant tonnerre, grogner et s'amplifier le grondement des lointaines batailles dans la nuit.

Des rumeurs répercutées, indistinctes, éloignées, enfantées par les champs rougis dont les noms martials ont conquis le pouvoir de nous faire tressaillir comme le son distant d'une trompette, — Vic, Vailly, Soupir, Hurtebise, Craonne...

Craonne ! devant ton plateau balayé par le canon, où, pareils à des feuilles flétries éparpillées dans le sol, reposent les morts de Septembre, j'ai trouvé, pour toutes les choses chéries que j'ai perdues, une récompense à laquelle je ne voudrais pas maintenant renoncer.

For that high fellowship was ours then
   With those who, championing another's good,
   More than dull Peace or its poor votaries could,
Taught us the dignity of being men.

There we drained deeper the deep cup of life,
   And on sublimer summits came to learn,
   After soft things, the terrible and stern,
After sweet Love, the majesty of Strife.

There where we faced under those frowning heights
   The blast that maims, the hurricane that kills;
   There where the watchlights on the winter hills
Flickered like balefire through inclement nights;

There where, firm links in the unyielding chain,
Where fell the long-planned blow and fell in vain —
   Hearts worthy of the honor and the trial,
We helped to hold the lines along the Aisne.

Car cette haute camaraderie était nôtre alors avec ceux qui, combattant pour le bien d'autrui, nous enseignèrent la dignité d'être hommes, bien mieux que n'auraient fait l'ennuyeuse Paix ou ses pitoyables partisans.

Là, nous bûmes à longs traits à la coupe profonde de la vie, et sur les sublimes sommets nous apprîmes, après la douceur de la vie, sa gravité et son horreur ; après le tendre Amour la majesté de la Lutte.

Ce fut là que, sous ces sombres hauteurs, nous affrontâmes la rafale qui mutile, l'ouragan qui tue ; là que les moindres lueurs sur les collines brumeuses vacillaient ainsi que des signaux d'alarme parmi les inclémentes nuits.

Ce fut là que, fermes anneaux de la chaîne imbrisable où tombe en vain le coup longuement prémédité, — cœurs dignes de l'honneur et de l'épreuve, nous aidâmes à maintenir les lignes le long de l'Aisne.

CHAMPAGNE, 1914-15

In the glad revels, in the happy fêtes,
　When cheeks are flushed, and glasses gilt and pearled
With the sweet wine of France that concentrates
　The sunshine and the beauty of the world,

Drink sometimes, you whose footsteps yet may tread
　The undisturbed, delightful paths of Earth,
To those whose blood, in pious duty shed,
　Hallows the soil where that same wine had birth.

Here, by devoted comrades laid away,
　Along our lines they slumber where they fell,
Beside the crater at the Ferme d'Alger
　And up the bloody slopes of La Pompelle,

And round the city whose cathedral towers
　The enemies of Beauty dared profane,
And in the mat of multicolored flowers
　That clothe the sunny chalk-fields of Champagne.

Under the little crosses where they rise
　The soldier rests. Now round him undismayed
The cannon thunders, and at night he lies
　At peace beneath the eternal fusillade...

CHAMPAGNE, 1914-15

Dans les joyeux banquets, dans les heureuses fêtes, quand les joues seront empourprées et que les verres seront pleins des perles dorées du doux vin de France, où se concentrent les rayons du soleil et la splendeur du monde,

Buvez quelquefois, vous dont les pas pourront encore fouler les calmes et délicieux sentiers de la terre, buvez à la mémoire de ceux qui, pour un pieux devoir, ont versé leur sang, sanctifiant le sol où ce même vin naquit.

Là, étendus par de dévoués camarades, ils sommeillent le long de nos lignes, à l'endroit où il sont tombés, à côté du cratère de la Ferme d'Alger et en haut des coteaux sanglants de La Pompelle,

Et autour de la ville et de la cathédrale dont les ennemis de la Beauté osèrent profaner les tours, dans le tapis de fleurs multicolores qui revêt les champs crayeux et ensoleillés de la Champagne,

Sous chacune des petites croix érigées, repose le soldat. Il est maintenant sans épouvante au milieu du canon qui tonne, et dans sa nuit, il dort en paix sous l'éternelle fusillade...

That other generations might possess —
  From shame and menace free in years to come —
A richer heritage of happiness,
  He marched to that heroic martyrdom.

Esteeming less the forfeit that he paid
  Than undishonored that his flag might float
Over the towers of liberty, he made
  His breast the bulwark and his blood the moat.

Obscurely sacrificed, his nameless tomb,
  Bare of the sculptor's art, the poet's lines,
Summer shall flush with poppy-fields in bloom,
  And Autumn yellow with maturing vines.

There the grape-pickers at their harvesting
  Shall lightly tread and load their wicker trays,
Blessing his memory as they toil and sing
  In the slant sunshine of October days...

I love to think that if my blood should be
  So privileged to sink where his has sunk,
I shall not pass from Earth entirely,
  But when the banquet rings, when healths are drunk,

And faces that the joys of living fill
  Glow radiant with laughter and good cheer,
In beaming cups some spark of me shall still
  Brim toward the lips that once I held so dear,

Pour que d'autres générations puissent — dans les ans à venir, libres de l'opprobre et de la menace — posséder un plus riche héritage de bonheur, il marcha à cet héroïque martyre.

Estimant infime le paiement de sa dette pour que son drapeau puisse, l'honneur intact, flotter sur les tours de la liberté, de sa poitrine il fit un rempart et de son sang combla le fossé.

Obscurément sacrifié, sa tombe sans nom, nue, sans sculpture, sans dédicace poétique, sera empourprée par l'Eté de coquelicots en fleurs et l'Automne la jaunira de vignes mûrissantes.

Là, les vendangeurs en faisant la récolte marcheront plus légèrement, et en chargeant leurs plateaux d'osier ils béniront sa mémoire tandis qu'ils chanteront en accomplissant leur dur labeur... sous les rayons obliques du soleil d'Octobre...

Combien j'aime à penser que si mon sang était assez privilégié pour imprégner cette terre où le sien pénétra, je ne disparaîtrais point entièrement, mais quand les banquets s'animeront aux bruits des voix, quand on boira en portant des toasts,

Et que les faces illuminées par la joie de vivre seront rendues plus radieuses par les rires et la bonne chère, des coupes étincelantes un atome de mon être s'élancera vers les lèvres que j'ai tant aimées.

So shall one coveting no higher plane
  Than nature clothes in color and flesh and tone,
Even from the grave put upward to attain
  The dreams youth cherished and missed and might
    have known ;

And that strong need that strove unsatisfied
  Toward earthly beauty in all forms it wore,
Not death itself shall utterly divide
  From the belovèd shapes it thirsted for.

Alas, how many an adept for whose arms
  Life held delicious offerings perished here,
How many in the prime of all that charms,
  Crowned with all gifts that conquer and endear !

Honor them not so much with tears and flowers,
  But you with whom the sweet fulfilment lies,
Where in the anguish of atrocious hours
  Turned their last thoughts and closed their dying eyes,

Rather when music on bright gatherings lays
  Its tender spell, and joy is uppermost,
Be mindful of the men they were, and raise
  Your glasses to them in one silent toast.

Drink to them — amorous of dear Earth as well,
  They asked no tribute lovelier than this —
And in the wine that ripened where they fell,
  Oh, frame your lips as though it were a kiss.

Champagne, France, july, 1915.

Ainsi, un être qui n'aura pas convoité d'idéal plus haut que celui incarné, coloré, vivifié par la nature, même de la tombe s'élèvera pour atteindre les rêves chéris de sa jeunesse, ces rêves qu'il ne réalisa pas et qu'il aurait pu vivre.

Et cet ardent besoin, jamais satisfait, d'aller vers la beauté terrestre sous toutes ses apparences, la mort elle-même n'a pu le détruire en lui et le détacher complètement des formes bien-aimées dont il fut assoiffé !

Hélas ! combien périrent ici, à qui la vie réservait de délicieux présents ; combien, dans toute la vigueur et le charme de leur jeunesse couronnée de tous les dons qui conquièrent et séduisent !

Honorez-les non pas tellement avec des larmes et des fleurs ! Mais vous, avec qui est restée la douce réalisation de leurs rêves, vous vers qui, dans l'angoisse des heures atroces se tournèrent leurs dernières pensées quand leurs yeux mourants se fermaient,

Rappelez-vous quels hommes ils furent ; et quand vous êtes sous le tendre charme de la musique ou parmi une brillante assistance animée de la joie la plus vive, levez vos verres à leur mémoire dans un toast silencieux.

Buvez à eux — pleins d'amour pour la Terre chérie ! Ils ne demandent pas de plus éloquent témoignage de tendresse — et dans le jus de la vigne qui a mûri à l'endroit même où ils tombèrent, oh ! trempez vos lèvres comme si vous leur donniez un baiser.

Champagne, France, juillet, 1915.

THE HOSTS

PURGED, with the life they left, of all
That makes life paltry and mean and small,
In their new dedication charged
With something heightened, enriched, enlarged,
That lends a light to their lusty brows
And a song to the rhythm of their tramping feet,
These are the men that have taken vows,
These are the hardy, the flower, the élite, —
These are the men that are moved no more
By the will to traffic and grasp and store
And ring with pleasure and wealth and love
The circles that self is the center of ;
But they are moved by the powers that force
The sea forever to ebb and rise,
That hold Arcturus in his course,
And marshal at noon in tropic skies
The clouds that tower on some snow-capped chain
And drift out over the peopled plain.
They are big with the beauty of cosmic things.
Mark how their columns surge ! They seem
To follow the goddess with outspread wings
That points toward Glory, the soldier's dream.
With bayonets bare and flags unfurled,
They scale the summits of the world
And fade on the farthest golden height
In fair horizons full of light.

LES HOMMES EN ARMES

Purifiés, par leur changement de vie, de tout ce qui fait l'existence mesquine, méprisable et sans grandeur ; chargés par leur nouvelle consécration, de quelque chose de plus élevé, de plus riche, de plus grandiose, qui met une clarté à leur front et fait chanter le rythme de leurs pieds lourds : tels sont les hommes qui se sont voués à la guerre : les intrépides, la fleur, l'élite ; les hommes qui ne sont plus mus par le désir du négoce, de la possession et de l'accaparement, qui ne sont plus entraînés dans le cercle des plaisirs, des richesses et de l'amour, dont le centre est le moi égoïste.

Mais ils sont soulevés par la puissance qui force la mer à toujours affluer et refluer, qui suspend Arcturus dans sa course et dirige, à midi, dans le ciel des tropiques, les nuages qui s'élèvent sur quelque chaîne coiffée de neige et voguent au-dessus de la plaine populeuse. Ils sont superbes de la beauté des choses cosmiques.

Voyez comment bondissent leurs colonnes ! Ils semblent suivre la déesse aux ailes déployées qui s'élance vers la Gloire, ce rêve du soldat ! Baïonnettes nues, étendards flottants, ils escaladent les sommets du monde et s'estompent à l'infini doré dans de clairs horizons baignés de lumière !

Comrades in arms there — friend or foe —
That trod the perilous, toilsome trail
Through a world of ruin and blood and woe
In the years of the great decision — hail !
Friend or foe, it shall matter nought ;
This only matters, in fine : we fought.
For we were young and in love or strife
Sought exultation and craved excess :
To sound the wildest debauch in life
We staked our youth and its loveliness.
Let idlers argue the right and wrong
And weigh what merit our causes had.
Putting our faith in being strong —
Above the level of good and bad —
For us, we battled and burned and killed
Because evolving Nature willed,
And it was our pride and boast to be
The instruments of Destiny.
There was a stately drama writ
By the hand that peopled the earth and air
And set the stars in the infinite
And made night gorgeous and morning fair,
And all that had sense to reason knew
That bloody drama must be gone through.
Some sat and watched how the action veered —
Waited, profited, trembled, cheered —
We saw not clearly nor understood,
But, yielding ourselves to the masterhand,
Each in his part as best he could,
We played it through as the author planned.

Camarades en armes ici — amis ou ennemis — qui, en ces années décisives, avez parcouru le périlleux et pénible sentier à travers un univers de ruine, de sang et de désastre : Salut !

Amis ou ennemis, qu'importe ! une seule chose doit compter, après tout : nous avons combattu.

Parce que nous étions jeunes et que, dans la lutte comme dans l'amour, nous recherchions le triomphe et désirions ardemment l'excès même, nous risquâmes notre adolescence et ses grâces aimables pour sonder la plus sauvage débauche de la vie.

Laissons les oisifs arguer du droit, de l'injustice et peser le mérite de nos causes. Pour nous, mettant notre foi en notre force — au-dessus du bien comme du mal — nous nous sommes battus, nous avons brûlé, nous avons tué parce que la Nature évoluant le voulait ainsi. Et ce fut notre orgueil et notre fierté que d'être les instruments de la Destinée.

Un puissant drame fut écrit par la main qui peupla la terre et l'air, mit les étoiles dans l'infini, fit la nuit somptueuse et l'aurore lumineuse ; et tout ce qui possède le sens du raisonnement comprit que ce drame sanglant devait être réalisé.

Certains s'assirent et guettèrent comment se déroulait l'action : ils attendirent, profitèrent, tremblèrent, acclamèrent. Nous ne vîmes ni ne comprîmes clairement ; mais, nous abandonnant à la main du Maître, chacun tenant son rôle du mieux qu'il put, nous le jouâmes tout au long comme l'auteur l'avait conçu.

MAKTOOB

A shell surprised our post one day
And killed a comrade at my side.
My heart was sick to see the way
He suffered as he died.

I dug about the place he fell,
And found, no bigger than my thumb,
A fragment of the splintered shell
In warm aluminum.

I melted it, and made a mould,
And poured it in the opening,
And worked it, when the cast was cold,
Into a shapely ring.

And when my ring was smooth and bright.
Holding it on a rounded stick,
For seal, I bade a Turco write
Maktoob in Arabic.

Maktoob ! « 'Tis written ! »... So they think,
These children of the desert, who
From its immense expanses drink
Some of its grandeur too.

MEKTOUB

Un jour, par surprise, un obus tomba sur notre poste et tua un de mes camarades à mon côté. Mon cœur fut déchiré quand je vis combien il souffrait pour mourir.

Je creusai autour de la place où il était tombé et découvris un fragment du redoutable engin, en aluminium roussi, pas plus gros que mon pouce.

Je le fondis, et, ayant fait un moule, je le versai par l'ouverture. Puis, quand le lingot fut froid, je le travaillai et en fis une bague parfaite.

Et quand elle fut polie et brillante, la fixant sur une canne ronde, comme sceau, je priai un turco d'écrire « Mektoub » en caractères arabes.

« Mektoub » ! « C'est écrit » ! Ils pensent ainsi ces fils du désert qui s'abreuvent de son immensité et puisent leur grandeur dans la sienne.

Within the book of Destiny,
    Whose leaves are time, whose cover, space,
The day when you shall cease to be,
      The hour, the mode, the place,

Are marked, they say; and you shall not
    By taking thought or using wit
Alter that certain fate one jot,
      Postpone or conjure it.

Learn to drive fear, then, from your heart;
    If you must perish, know, O man;
'Tis an inevitable part
      Of the predestined plan.

And, seeing that through the ebon door
    Once only you may pass, and meet
Of those that have gone through before
      The mighty, the élite —

Guard that not bowed nor blanched with fear
    You enter, but serene, erect,
As you would wish most to appear.
      To those you most respect.

So die as though your funeral
    Ushered you through the doors that led
Into a stately banquet hall
      Where heroes banqueted;

Dans le livre du Destin, dont les feuilles sont le Temps et la couverture l'Espace, le jour où vous devez cesser d'exister, l'heure, le mode, le lieu sont marqués, disent-ils.

Et vous serez impuissant, même en y subordonnant toutes vos pensées et en y employant toutes les ressources de votre esprit, à changer cette fatalité certaine, à la retarder d'un seul instant ou à la conjurer.

Donc, apprenez à chasser l'épouvante de votre cœur. Si tu dois périr, ô homme, sache que c'est une inévitable partie du plan tracé d'avance.

Puisque aussi bien tu ne passeras qu'une fois sous le portique d'ébène et seras accueilli par ceux qui l'ont franchi avant toi, les forts, l'élite,

Garde-toi de te présenter courbé ou pâli par la frayeur, mais reste droit, serein, tel que tu souhaiterais le plus d'apparaître à ceux que tu vénères.

Meurs comme si tes funérailles t'ouvraient les portes qui mènent à une somptueuse salle de banquet dans laquelle festoient des héros.

And it shall all depend therein
  Whether you come as slave or lord,
If they acclaim you as their kin
    Or spurn you from their board.

So, when the order comes : « Attack ! »
  And the assaulting wave deploys,
And the heart trembles to look back
    On life and all its joys ;

Or in a ditch that they seem near
  To find, and round your shallow trough
Drop the big shells that you can hear
    Coming a half mile off ;

When, not to hear, some try to talk ;
  And some to clean their guns, or sing,
And some dig deeper in the chalk —
    I look upon my ring ;

And nerves relax that were most tense,
  And Death comes whistling down unheard,
As I consider all the sense
    Held in that mystic word.

And it brings, quieting like balm
  My heart whose flutterings have ceased,
The resignation and the calm
    And wisdom of the East.

Et là, il dépendra de toi seul qu'ils t'acclament comme l'un des leurs ou te rejettent de leur cour, selon que tu y seras venu comme un esclave ou comme un seigneur.

Aussi, quand arrive l'ordre d' « attaquer », que se déploie la vague d'assaut et que le cœur tremble de regarder en arrière vers la vie et toutes ses joies,

Ou quand autour de votre « trou » peu profond tombent, le long d'un fossé qu'ils semblent près de trouver, les gros obus que l'on peut entendre venir d'un demi-mille ;

Alors que pour ne pas écouter les uns essaient de parler, d'autres de nettoyer leur fusil ou de chanter, certains creusent plus profondément dans la craie : moi, je regarde ma bague ;

Et mes nerfs se distendent même quand ils sont le plus tendus ; et la Mort vient en sifflant sans que je l'entende, tandis que je réfléchis à toute la profondeur du sens contenu dans ce mot mystique.

Apaisant comme un baume mon cœur dont les palpitations ont cessé, il m'apporte la résignation, le calme et la sagesse du Levant.

I HAVE A RENDEZVOUS
WITH DEATH...

I HAVE a rendezvous with Death
At some disputed barricade,
When Spring comes back with rustling shade
And apple-blossoms fill the air —
I have a rendezvous with Death
When Spring brings back blue days and fair.

It may be he shall take my hand
And lead me into his dark land
And close my eyes and quench my breath —
It may be I shall pass him still.
I have a rendezvous with Death
On some scarred slope of battered hill,
When Spring comes round again this year
And the first meadow-flowers appear.

God knows 'twere better to be deep
Pillowed in silk and scented down,
Where Love throbs out in blissful sleep,
Pulse nigh to pulse, and breath to breath,
Where hushed awakenings are dear...
But I've a rendezvous with Death
At midnight in some flaming town,
When Spring trips north again this year,
And I to my pledged word am true,
I shall not fail that rendez-vous.

J'AI UN RENDEZ-VOUS
AVEC LA MORT...

J'ai un rendez-vous avec la Mort, à quelque barricade disputée, quand le Printemps reviendra avec son ombre bruissante et que les fleurs de pommier voltigeront dans l'air ! J'ai un rendez-vous avec la Mort quand le Printemps ramènera les beaux jours azurés !

Il se peut qu'elle prenne ma main et me conduise vers son ténébreux domaine, qu'elle close mes yeux et arrête mon souffle... il se peut que je passe encore auprès d'elle. J'ai un rendez-vous avec la Mort sur le versant déchiqueté de quelque colline délabrée, quand le Printemps reviendra faire son tour cette année et qu'apparaîtront les premières fleurs des prés !

Dieu sait qu'il serait meilleur d'être étendu au creux des coussins, dans la soie et le duvet parfumé, où l'amour palpite en un bienheureux sommeil, pouls contre pouls, souffle contre souffle, où les réveils silencieux sont chers... Mais j'ai un rendez-vous avec la Mort, à minuit, dans quelque ville en flammes, quand le Printemps repartira vers le Nord, cette année, et je suis fidèle à la parole donnée : je ne manquerai pas à ce rendez-vous !

SONNET 1

Sidney, in whom the heyday of romance
Came to its precious and most perfect flower,
Whether you tourneyed with victorious lance
Or brought sweet roundelays to Stella's bower,
I give myself some credit for the way
I have kept clean of what enslaves and lowers,
Shunned the ideals of our present day
And studied those that were esteemed in yours ;
For, turning from the mob that buys Success
By sacrificing all Life's better part,
Down the free roads of human happiness
I frolicked, poor of purse but light of heart,
And lived in strict devotion all along
To my three idols — Love and Arms and Song.

SONNET 1

Sidney, en qui la fougue du romanesque s'épanouit dans sa plus précieuse et parfaite floraison, que vous ayez été la lance victorieuse dans les tournois, ou que vous ayez composé d'aimables rondeaux pour le boudoir de Stella, je m'accorde quelque crédit pour la façon dont je me suis maintenu au-dessus de ce qui asservit et abaisse, dont j'ai fui les idéals de notre temps et étudié ceux qui furent estimés du vôtre. Car, m'écartant de la masse qui acquiert le succès en sacrifiant toute la meilleure part de la vie, j'ai folâtré, pauvre de bourse mais léger de cœur, sur les libres routes du bonheur humain et vécu, tout le long, dans la stricte dévotion de mes trois idoles : l'Amour, les Armes et les Chansons.

SONNET II

Not that I always struck the proper mean
Of what mankind must give for what they gain,
But, when I think of those whom dull routine
And the pursuit of cheerless toil enchain,
Who from their desk-chairs seeing a summer cloud
Race through blue heaven on its joyful course
Sigh sometimes for a life less cramped and bowed,
I think I might have done a great deal worse ;
For I have ever gone untied and free,
The stars and my high thoughts for company ;
Wet with the salt-spray and the mountain showers,
I have had the sense of space and amplitude,
And love in many places, silver-shoed,
Has come and scattered all my path with flowers.

SONNET II

Ce n'est pas que j'aie toujours saisi exactement le sens de ce que l'Humanité doit donner pour ce qu'elle reçoit ; mais, quand je pense à ceux que l'ennuyeuse routine et l'accomplissement de leur labeur ingrat enchaînent ; à ceux qui, de leur rond de cuir voyant un nuage d'été parcourir le ciel bleu en une course joyeuse, soupirent quelquefois après une existence moins difficile et entravée, je pense que j'aurais pu faire beaucoup plus mal.

C'est parce que j'ai toujours été libre et sans entraves, ayant pour compagnie les étoiles et mes pensées altières, trempé par l'embrun et les averses de montagne, que j'ai eu le sens de l'espace et de l'amplitude. Et souvent, l'amour, chaussé d'argent, est venu à moi et a parsemé tout mon chemin de fleurs.

SONNET III

Why should you be astonished that my heart,
Plunged for so long in darkness and in dearth,
Should be revived by you, and stir and start
As by warm April now, reviving Earth ?
I am the field of undulating grass
And you the gentle perfumed breath of Spring,
And all my lyric being, when you pass,
Is bowed and filled with sudden murmuring.
I asked you nothing and expected less,
But, with that deep, impassioned tenderness
Of one approaching what he most adores,
I only wished to lose a little space
All thought of my own life, and in its place
To live and dream and have my joy in yours.

SONNET III

Pourquoi seriez-vous étonnée que mon cœur plongé depuis si longtemps dans les ténèbres et privé de tendresse soit ravivé par vous et s'émeuve, tressaillant comme la terre qui renaît maintenant sous le chaud soleil d'avril ?

Je suis le champ d'herbe onduleuse, vous, la douce brise parfumée du Printemps, et tout mon être lyrique s'incline et s'emplit de murmures soudains quand vous passez.

Je ne vous ai rien demandé et j'ai espéré moins encore, mais, avec la tendresse profonde et passionnée de quelqu'un qui approche ce qu'il adore le plus, j'ai seulement souhaité de perdre pour un court instant tout sentiment de ma propre existence et de vivre en rêvant, de mettre toute ma joie en la vôtre.

SONNET IV

TO... IN CHURCH

IF I was drawn here from a distant place,
'Twas not to pray nor hear our friend's address,
But, gazing once more on your winsome face,
To worship there Ideal Loveliness.
On that pure shrine that has too long ignored
The gifts that once I brought so frequently
I lay this votive offering, to record
How sweet your quiet beauty seemed to me.
Enchanting girl, my faith is not a thing
By futile prayers and vapid psalm-singing
To vent in crowded nave and public pew.
My creed is simple : that the world is fair,
And beauty the best thing to worship there,
And I confess it by adoring you.

Biarritz, Sunday, March 26, 1916.

SONNET IV

Si d'un endroit éloigné je fus attiré ici, ce n'était pas pour prier ni pour entendre l'allocution de notre ami : mais, afin d'adorer l'Idéale Beauté en contemplant une fois de plus votre charmant visage.

Sur cette châsse si pure, qui a trop longtemps ignoré les offrandes que dès l'abord j'apportais si fréquemment, je dépose cet ex-voto, pour attester combien douce me parut votre sereine beauté.

Enfant enchanteresse ! Ma foi n'est pas de celles que, par des prières futiles ou des hymnes insipides, l'on clame dans une nef pleine de monde ou devant des bancs d'église.

Ma religion est simple : l'Univers est parfait et la Beauté est la meilleure chose à adorer ici-bas ; et je le confesse en vous adorant.

Biarritz, dimanche, 26 mars 1916.

SONNET V

Seeing you have not come with me, nor spent
This day's suggestive beauty as we ought,
I have gone forth alone and been content
To make you mistress only of my thought.
And I have blessed the fate that was so kind
In my life's agitations to include ,
This moment's refuge where my sense can find
Refreshment, and my soul beatitude.
Oh, be my gentle love a little while !
Walk with me sometimes. Let me see you smile.
Watching some night under a wintry sky,
Before the charge, or on the bed of pain,
These blessed memories shall revive again
And be a power to cheer and fortify.

SONNET V

Voyant que vous ne veniez pas et ne passiez point avec moi ce jour de suggestive beauté, comme nous le devions, je suis sorti solitaire et me suis contenté de vous faire maîtresse seulement de ma pensée. J'ai béni le sort qui fut si bon de placer parmi les agitations de ma vie, ce refuge d'un moment où mes sens peuvent trouver l'apaisement et mon âme la béatitude. Oh ! soyez ma gentille amoureuse même pour peu de temps ! Promenez-vous quelquefois avec moi ; laissez-moi vous regarder sourire !

Etant en sentinelle, quelque nuit, sous un ciel hivernal, ou avant la charge, ou sur un lit de douleur, ces souvenirs bénis revivront et seront le baume bienfaisant qui rassérène et fortifie.

SONNET VI

Oh, you are more desirable to me
Than all I staked in an impulsive hour,
Making my youth the sport of chance, to be
Blighted or torn in its most perfect flower ;
For I think less of what that chance may bring
Than how, before returning into fire,
To make my dearest memory of the thing
That is but now my ultimate desire.
And in old times I should have prayed to her
Whose haunt the groves of windy Cyprus were,
To prosper me and crown with good success
My will to make of you the rose-twined bowl,
From whose inebriating brim my soul
Shall drink its last of earthly happiness.

SONNET VI

Oh ! Vous êtes plus désirable pour moi que tout ce que j'ai risqué dans une heure d'impulsion, quand j'ai mis ma jeunesse dans la main du hasard, l'exposant à être flétrie ou anéantie en sa plus parfaite fleur.

C'est pourquoi je pense moins à ce que le sort peut m'apporter qu'à la manière de rendre plus précieux pour moi, avant de retourner au feu, le souvenir de ce qui est maintenant mon seul et suprême désir.

Dans les temps mythiques, j'aurais imploré celle qui fit son séjour préféré des bosquets ventés de Chypre : qu'elle me soit favorable ! qu'elle couronne de succès mon désir de faire de vous la coupe ornée de roses, aux bords enivrants de laquelle mon âme boira la dernière de ses joies terrestres.

SONNET VII

THERE have been times when I could storm and plead,
But you shall never hear me supplicate.
These long months that have magnified my need
Have made my asking less importunate,
For now small favors seem to me so great
That not the courteous lovers of old time
Were more content to rule themselves and wait,
Easing desire with discourse and sweet rhyme.
Nay, be capricious, willful ; have no fear
To wound me with unkindness done or said,
Lest mutual devotion make too dear
My life that hangs by a so slender thread,
And happy love unnerve me before May
For that stern part that I have yet to play.

SONNET VII

Il fut un temps où j'aurais tempêté et tenté de plaider ma cause ; mais, vous ne m'entendrez jamais vous supplier.

Ces longs mois qui ont amplifié mes désirs ont rendu ma requête moins importune, car, maintenant, les plus minces faveurs me semblent si précieuses, que les courtois amants de naguère ne furent jamais plus satisfaits de s'incliner et d'attendre, apaisant leur ardeur amoureuse par des discours et de tendres rimes.

Mais non ! Soyez capricieuse, rétive : ne craignez pas de me blesser par des paroles ou des actions méchantes, de peur qu'une mutuelle tendresse donne trop de prix à ma vie, suspendue à un fil si ténu, et que l'amour heureux m'amollisse avant que vienne Mai et cette rude partie qu'il me reste encore à jouer.

SONNET VIII

Oh, love of woman, you are known to be
A passion sent to plague the hearts of men ;
For every one you bring felicity
Bringing rebuffs and wretchedness to ten.
I have been oft where human life sold cheap
And seen men's brains spilled out about their ears
And yet that never cost me any sleep ;
I lived untroubled and I shed no tears.
Fools prate how war is an atrocious thing ;
I always knew that nothing it implied
Equalled the agony of suffering
Of him who loves and loves unsatisfied.
War is a refuge to a heart like this ;
Love only tells it what true torture is.

SONNET VIII

O ! Amour de la femme ! on vous cite comme une passion envoyée pour frapper de maux le cœur des hommes. Pour un, à qui vous apportez la félicité, vous dispensez des rebuffades et des désastres à dix.

J'ai été souvent en des endroits où l'on fait bon marché de la vie humaine ; j'ai vu des hommes dont la cervelle était répandue autour des oreilles ; et jamais jusqu'ici cela ne m'a empêché de dormir ; je vivais sans trouble et j'ignorais les larmes.

Des insensés vont clamant que la guerre est une chose atroce : je savais bien que rien en elle n'égalait l'agonie de souffrance de celui qui aime et aime en vain.

La guerre est un refuge pour un cœur comme le sien : l'amour seul lui enseigne ce qu'est la vraie torture.

SONNET IX

WELL, seeing I have no hope, then, let us part ;
Having long taught my flesh to master fear,
I should have learned by now to rule my heart,
Although, Heaven knows, 'tis not so easy near.
Oh, you were made to make men miserable
And torture those who would have joy in you,
But I, who could have loved you, dear, so well,
Take pride in being a good loser too ;
And it has not been wholly unsuccess,
For I have rescued from forgetfulness
Some moments of this precious time that flies,
Adding to my past wealth of memory
The pretty way you once looked up at me,
Your low, sweet voice, your smile, and your dear eyes.

SONNET IX

C'est bien : puisque je vois que je ne puis rien espérer, alors séparons-nous.

Ayant depuis longtemps habitué ma chair à maîtriser la peur, j'aurais dû aussi apprendre à discipliner mon cœur ; Dieu sait pourtant que ce n'est pas à beaucoup près aussi facile.

Oh ! vous fûtes créée pour rendre les hommes misérables et torturer ceux qui ont mis leur bonheur en vous ; mais moi qui vous aurais si bien aimée, ma chérie, je me glorifie d'être beau joueur.

Aussi bien ne fût-ce pas un insuccès complet, car j'ai arraché à l'oubli quelques moments de ce temps si précieux qui s'envole, ajoutant à mon passé riche de souvenirs, la manière jolie dont vous m'avez regardé une fois, votre grave et douce voix, votre sourire et vos chers yeux.

SONNET X

I HAVE sought Happiness, but it has been
A lovely rainbow, baffling all pursuit,
And tasted Pleasure, but it was a fruit
More fair of outward hue than sweet within.
Renouncing both, a flake in the ferment
Of battling hosts that conquer or recoil,
There only, chastened by fatigue and toil,
I knew what came the nearest to content.
For there at least my troubled flesh was free
From the gadfly Desire that plagued it so ;
Discord and strife were what I used to know,
Heartaches, deception, murderous jealousy ;
By War transported far from all of these,
Amid the clash of arms I was at peace.

SONNET X

J'ai cherché le Bonheur — mais ce fut un gracieux arc-en-ciel, défiant toute poursuite. J'ai goûté le Plaisir — mais ce fut, à mon sens, un fruit plus appétissant par son aspect que vraiment savoureux.

Renonçant aux deux, atome parmi le grouillement des armées combattantes qui conquièrent ou reculent, là seulement, purifié par la fatigue et le dur labeur, je connus ce qui approchait le plus de la satisfaction.

Là, au moins, ma chair tourmentée fut délivrée de ce taon, le Désir, qui la harcelait tellement.

J'étais accoutumé à connaître la discordre et la lutte, les peines de cœur, les déceptions, la jalousie meurtrière ; transporté par la guerre loin de tout cela je fus en paix au milieu du vacarme des armes.

SONNET XI

ON RETURNING TO THE FRONT AFTER LEAVE

APART sweet women (for whom Heaven be blessed),
Comrades, you cannot think how thin and blue
Look the leftovers of mankind that rest,
Now that the cream has been skimmed off in you.
War has its horrors, but has this of good —
That its sure processes sort out and bind
Brave hearts in one intrepid brotherhood
And leave the shams and imbeciles behind.
Now turn we joyful to the great attacks,
Not only that we face in a fair field
Our valiant foe and all his deadly tools,
But also that we turn disdainful backs
On that poor world we scorn yet die to shield —
That world of cowards, hypocrites, and fools.

SONNET XI

DE RETOUR AU FRONT APRÈS UNE PERMISSION

Excepté les douces femmes (pour qui béni soit le ciel) vous ne pouvez imaginer, camarades, combien semblent malingres et éthérés les « laissés-pour-compte » de l'espèce humaine qui restent maintenant que la crème a été versée dans vos rangs.

La guerre a ses horreurs, mais elle a ceci de bon, qu'au cours de ses opérations, elle vous sort de la masse, lie les âmes courageuses en une intrépide fraternité, laissant les tire-au-flanc et les imbéciles à l'arrière.

Et maintenant tournons-nous joyeusement vers les grandes attaques, afin de rencontrer en combat loyal non seulement notre courageux ennemi et tous ses engins de mort, mais aussi de tourner dédaigneusement le dos à ce pitoyable monde que nous méprisons — encore que nous mourions pour lui servir de bouclier — ce monde de couards, d'hypocrites et d'imbéciles !

SONNET XII

Clouds rosy-tinted in the setting sun,
Depths of the azure eastern sky between,
Plains where the poplar-bordered highways run,
Patched with a hundred tints of brown and green, —
Beauty of Earth, when in thy harmonies
The cannon's note has ceased to be a part,
I shall return once more and bring to these
The worship of an undivided heart.
Of those sweet potentialities that wait
For my heart's deep desire to fecundate
I shall resume the search, if Fortune grants;
And the great cities of the world shall yet
Be golden frames for me in which to set
New masterpieces of more rare romance.

SONNET XII

Nuages rosés dans le soleil couchant, profondeurs de l'Orient azuré, plaines où courent les grandes routes bordées de peupliers tachées de cent teintes de brun et de vert — Beauté de la Terre, quand dans ton harmonie le canon aura cessé d'ajouter sa note pour tenir sa partie, à toi je reviendrai encore et j'apporterai l'adoration d'un cœur entièrement tien !

Je reprendrai la poursuite, si la Fortune le veut, de ces douces puissances qui languissent du désir de féconder, si profond dans mon cœur.

Et les grandes cités du monde seront encore pour moi des cadres resplendissants où placer de nouveaux chefs-d'œuvre de la plus rare poésie.

BELLINGLISE

I

DEEP in the sloping forest that surrounds
The head of a green valley that I know,
Spread the fair gardens and ancestral grounds
Of Bellinglise, the beautiful château.
Through shady groves and fields of unmown grass,
It was my joy to come at dusk and see,
Filling a little pond's untroubled glass,
Its antique towers and mouldering masonry.
Oh, should I fall to-morrow, lay me here,
That o'er my tomb, with each reviving year,
Wood-flowers may blossom and the wood-doves croon;
And lovers by that unrecorded place,
Passing, may pause, and cling a little space,
Close-bosomed, at the rising of the moon.

BELLINGLISE

I

Au creux d'une forêt escarpée qui couronne une verte vallée que je connais, s'étendent les riants jardins et les assises ancestrales de Bellinglise, le magnifique château.

A travers d'ombreuses allées et des champs d'herbe haute et drue c'était ma joie de venir au crépuscule et de voir ses antiques tours et ses pierres branlantes se refléter dans le miroir limpide d'une petite mare.

Oh ! si je tombais demain, couchez-moi là afin qu'au-dessus de ma tombe, à chaque renouveau, les fleurs des bois puissent s'épanouir et les tourterelles sauvages roucouler. Et que, passant auprès de ce lieu ignoré, les amants puissent s'arrêter et s'étreindre un court instant, cœur contre cœur, au lever de la lune.

II

Here, where in happier times the huntsman's horn,
Echoing from far, made sweet midsummer eves,
Now serried cannon thunder night and morn,
Tearing with iron the greenwood's tender leaves.
Yet has sweet Spring no particle withdrawn
Of her old bounty ; still the song-birds hail,
Even through our fusillade, delightful Dawn ;
Even in our wire bloom lilies of the vale.
You who love flowers, take these; their fragile bells
Have trembled with the shock of volleyed shells,
And in black nights when stealthy foes advance
They have been lit by the pale rockets' glow
That o'er scarred fields and ancient towns laid low
Trace in white fire the brave frontiers of France.

                              May 22, 1916.

II

Ici où, dans des temps meilleurs, le cor du chasseur, répercuté par l'écho, rendait plus doux les soirs du milieu de l'été, le canon tonne maintenant nuit et jour, à coups précipités, déchirant de ses projectiles d'acier le tendre feuillage des bois.

Et pourtant le doux printemps n'a pas retiré la moindre parcelle de son ancienne magnificence : le chant des oiseaux salue toujours, même parmi notre fusillade, la délicieuse aurore ; et les muguets fleurissent encore même dans nos fils de fer barbelés.

Vous qui aimez les fleurs, acceptez celles-ci. Leurs fragiles clochettes ont frissonné au choc des obus explosant et dans les nuits obscures, lorsque, furtifs, les ennemis avancent, elles ont été éclairées par la lueur pâle des fusées qui, au-dessus des champs ravinés et des anciennes citées jetées bas, tracent de leur clarté blafarde les braves frontières de France.

22 mai 1916.

LIEBESTOD

I WHO, conceived beneath another star,
Had been a prince and played with life, instead
Have been its slave, an outcast exiled far
From the fair things my faith has merited.
My ways have been the ways that wanderers tread
And those that make romance of poverty —
Soldier, I shared the soldier's board and bed,
And Joy has been a thing more oft to me
Whispered by summer wind and summer sea
Than known incarnate in the hours it lies
All warm against our hearts and laughs into our eyes.

I know not if in risking my best days
I shall leave utterly behind me here
This dream that lightened me through lonesome ways
And that no disappointment made less dear;
Sometimes I think that, where the hilltops rear
Their white entrenchments back of tangled wire,
Behind the mist Death only can make clear,
There, like Brunhilde ringed with flaming fire,
Lies what shall ease my heart's immense desire :
There, where beyond the horror and the pain
Only the brave shall pass, only the strong attain.

LIEBESTOD

Moi qui, conçu sous une autre étoile, eus été un prince et me fus joué de la vie, j'ai été son esclave, un déclassé exilé loin de toutes les délices que méritait ma foi.

Ma route a été celle que suivent les vagabonds et ceux qui font de la pauvreté une idylle.

Soldat, j'ai partagé la table et la couche du soldat, et la Joie m'a été plus souvent murmurée par la mer et la brise d'été qu'incarnée aux heures où elle palpite ardente dans nos cœurs et rit dans nos yeux.

Je ne sais si en risquant mes plus beaux jours je laisserai à tout jamais derrière moi ce rêve qui m'éclairait à travers les chemins déserts et que n'amoindrit nul désappointement. Je pense quelquefois que là, où les crêtes des collines élèvent leurs blancs retranchements renforcés de fils de fer enchevêtrés, seule la Camarde peut luire derrière la brume. Là, telle Brunehilde au centre d'un cercle de flamme, se trouve ce qui doit apaiser l'immense désir de mon cœur ; là, où, narguant l'horreur et la douleur, seul le brave passera, seul le fort atteindra.

Truth or delusion, be it as it may,
Yet think it true, dear friends, for, thinking so,
That thought shall nerve our sinews on the day
When to the last assault our bugles blow :
Reckless of pain and peril we shall go,
Heads high and hearts aflame and bayonets bare,
And we shall brave eternity as though
Eyes looked on us in which we would seem fair —
One waited in whose presence we would wear,
Even as a lover who would be well-seen,
Our manhood faultless and our honor clean.

Vérité ou illusion, quoi que ce soit, croyez-y quand même, chers amis, parce que cette idée donnera de la force à nos muscles au jour où nos clairons sonneront pour le dernier assaut.

Insoucieux de la peine comme du péril, nous irons, têtes hautes, cœurs ardents, et baïonnettes nues, et nous braverons l'éternité, comme si nous sentions peser sur nous le regard des yeux devant lesquels nous voudrions paraître superbes ; comme si quelqu'un nous guettait en la présence de qui, tel un amant qui désire plaire, nous voudrions nous parer d'une virilité sans tache et d'un honneur sans reproche.

RESURGAM

Exiled afar from youth and happy love,
   If Death should ravish my fond spirit hence
I have no doubt but, like a homing dove,
   It would return to its dear residence,
And through a thousand stars find out the road
Back into earthly flesh that was its loved abode.

RESURGAM

Exilé comme je le suis de la jeunesse et de l'amour heureux, si la mort ravissait mon âme passionnée des choses d'ici-bas, je ne doute pas que, telle une colombe qui retourne à son nid, elle reviendrait à sa chère demeure ; et, à travers un millier d'étoiles, retrouverait sa route vers l'incarnation terrestre qui fut sa résidence chérie !

A MESSAGE TO AMERICA

You have the grit and the guts, I know ;
You are ready to answer blow for blow
You are virile, combative, stubborn, hard,
But your honor ends with your own back-yard ;
Each man intent on his private goal,
You have no feeling for the whole ;
What singly none would tolerate
You let unpunished hit the State,
Unmindful that each man must share
The stain he lets his country wear,
And (what no traveller ignores)
That her good name is often yours.

You are proud in the pride that feels its might ;
From your imaginary height
Men of another race or hue
Are men of a lesser breed to you :
The neighbor at your southern gate
You treat with the scorn that has bred his hate.
To lend a spice to your disrespect
You call him the « greaser ». But reflect !
The greaser has spat on you more than once ;
He has handed you multiple affronts ;
He has robbed you, banished you, burned and killed ;
He has gone untrounced for the blood he spilled ;
He has jeering used for his bootblack's rag
The stars and stripes of the gringo's flag ;

UN MESSAGE A L'AMÉRIQUE

Vous avez du « cran » je le sais ; vous êtes prêts à rendre coup pour coup ; vous êtes viriles, combatifs, volontaires, durs ; mais votre honneur ne va pas au delà du mur de votre arrière-cour ; chaque homme est tout entier absorbé par sa tâche personnelle et n'a aucun amour-propre pour la communauté.

Vous laissez impunément atteindre l'Etat par des coups que nul d'entre vous ne tolérerait individuellement, oubliant que chacun est marqué par l'opprobre dont il a laissé souiller son pays, de même que (nul voyageur n'en ignore) sa grandeur est sienne.

Vous êtes fiers, de cette fierté que donne le sentiment de la puissance ; de cette hauteur imaginaire où vous vous placez, les hommes d'une autre race ou d'une couleur différente sont hommes d'une espèce inférieure, par rapport à vous. Vous traitez, avec le mépris qu'engendra son exécration, votre voisin de la frontière sud. Pour ajouter une saveur à votre dédain, vous l'appelez le « graisseur ».

Mais réfléchissez ! le « graisseur » a craché sur vous plus d'une fois ; il vous a fait des affronts multiples ; il vous a volés, il vous a bannis, tués et brûlés ! Il est resté impuni pour tout ce sang versé.

Il a, en raillant, employé comme loque pour cirer ses bottes, la bannière étoilée du « gringo ».

And you, in the depths of your easy-chair —
What did you do, what did you care?
Did you find the season too cold and damp
To change the counter for the camp?
Were you frightened by fevers in Mexico?
I can't imagine, but this I know —
You are impassioned vastly more
By the news of the daily baseball score
Than to hear that a dozen countrymen
Have perished somewhere in Darien,
That greasers have taken their innocent lives
And robbed their holdings and raped their wives.

Not by rough tongues and ready fists
Can you hope to jilt in the modern lists;
The armies of a littler folk
Shall pass you under the victor's yoke,
Sobeit a nation that trains her sons
To ride their horses and point their guns —
Sobeit a people that comprehends
The limit where private pleasure ends
And where their public dues begin,
A people made strong by discipline
Who are willing to give — what you've no mind to —
And understand — what you are blind to —
The things that the individual
Must sacrifice for the good of all.

Et vous, enfoncé dans les profondeurs de votre fauteuil, que fîtes-vous? de quoi donc vous êtes-vous occupé? Avez-vous trouvé la saison trop froide et brumeuse pour abandonner le comptoir pour le camp? Fûtes-vous effrayé par les fièvres mexicaines? Je ne puis imaginer quant à moi — quoique pourtant je le sache que vous soyez beaucoup plus intéressé, passionné, par les nouvelles ayant trait au nombre de points marqués au cours de la partie quotidienne de « baseball » plutôt que par le récit de la mort (quelque part dans Darien) d'une douzaine de citoyens, dont les « graisseurs » ont pris les innocentes vies, volé les biens et violé les femmes.

N'espérez point de jouter dans les tournois modernes avec pour seules armes vos expressions rudes et vos poings fermés ; l'armée d'une peuplade plus petite vous fera passer sous le joug du vainqueur, si c'est une nation qui entraîne ses fils à monter leurs chevaux et à pointer leurs canons — si c'est un peuple qui conçoit qu'il y a une limite où se termine le plaisir personnel et commencent les devoirs publics ; un peuple que la discipline a rendu fort et qui veut donner — ce que vous ne vous souciez pas de donner — et qui comprend — ce que vous ne discernez pas — les choses que chaque individu doit sacrifier pour le bien de tous.

You have a leader who knows — the man
Most fit to be called American,
A prophet that once in generations
Is given to point to erring nations
Brighter ideals toward which to press
And lead them out of the wilderness.
Will you turn your back on him once again?
Will you give the tiller once more to men
Who have made your country the laughing-stock
For the older peoples to scorn and mock,
Who would make you servile, despised, and weak,
A country that turns the other cheek,
Who care not how bravely your flag may float,
Who answer an insult with a note,
Whose way is the easy way in all,
And, seeing that polished arms appal
Their marrow of milk-fed pacifist,
Would tell you menace does not exist ?
Are these, in the world's great parliament,
The men you would choose to represent
Your honor, your manhood, and your pride,
And the virtues your fathers dignified ?
Oh, bury them deeper than the sea
In universal obloquy;
Forget the ground where they lie, or write
For epitaph : « Too proud to fight. »

Vous avez un meneur qui sait — l'homme le plus digne d'être nommé Américain, un prophète unique parmi les générations, qui a le don de montrer aux nations égarées de plus resplendissants idéals à atteindre, et de les mener hors du désert. Lui tournerez-vous encore une fois le dos ? Allez-vous donner le gouvernail, une fois de plus, à des hommes qui ont fait de votre Patrie le bouffon dont les peuples plus anciens se moquent et qu'ils conspuent : à des hommes qui vous feront serviles, méprisés et faibles, citoyens d'une nation « qui tend l'autre joue » ; à des hommes qui ne s'occupent pas de la bravoure avec laquelle peut flotter votre étendard ; qui répondent à un outrage par une note ; dont la méthode est la manière facile en tout, et qui, devant l'épouvante qui liquéfie leurs moelles de poules mouillées pacifistes, à la seule vue des armes luisantes, voudraient vous venir conter que la menace n'existe pas ?

Sont-ce là les hommes que vous choisiriez pour représenter, dans le grand parlement international, votre honneur, votre vaillance, votre fierté, et les vertus qu'ennoblirent vos pères ?

Oh ! enfouissez-les dans une fosse plus profonde que la mer, parmi le blâme universel ; oubliez l'endroit où ils sont couchés, ou bien écrivez comme épitaphe sur leur tombe « trop orgueilleux pour combattre ».

I have been too long from my country's shores
To reckon what state of mind is yours,
But as for myself I know right well
I would go through fire and shot and shell
And face new perils and make my bed
In new privations, if ROOSEVELT led;
But I have given my heart and hand
To serve, in serving another land,
Ideals kept bright that with you are dim ;
Here men can thrill to their country's hymn,
For the passion that wells in the Marseillaise
Is the same that fires the French these days,
And, when the flag that they love goes by,
With swelling bosom and moistened eye
They can look, for they know that it floats there still
By the might of their hands and the strength of their will,
And through perils countless and trials unknown
Its honor each man has made his own.
They wanted the war no more than you,
But they saw how the certain menace grew,
And they gave two years of their youth or three
The more to insure their liberty
When the wrath of rifles and pennoned spears
Should roll like a flood on their wrecked frontiers.
They wanted the war no more than you,
But when the dreadful summons blew
And the time to settle the quarrel came

J'ai été éloigné trop longtemps des rives de mon pays pour comprendre quelle est votre pensée ; pour ma part je sais bien que j'irais à travers le feu, les balles et les obus, que j'affronterais de nouveaux périls et subirais de nouvelles privations avec délices, si ROOSEVELT nous guidait. Mais, en combattant pour un autre pays, j'ai mis mon cœur et mon bras au service d'idéals qu'il a maintenus resplendissants et que vous laissez ternir.

Ici, les hommes peuvent frissonner à leur hymne national, car la passion qui jaillit de la *Marseillaise* est celle-là même qui embrase les Français en ces jours. Et quand passe le drapeau qu'ils aiment, ils peuvent le regarder avec des yeux humides et le cœur palpitant, car ils savent qu'il flotte toujours là par la puissance de leurs mains et la force de leur volonté ; parce que, parmi des périls sans nombre et des épreuves inconnues, chacun d'eux a fait sien l'honneur de ce drapeau.

Pas plus que vous ils ne voulaient la guerre ! Mais ils virent comment la menace certaine se réalisait et ils donnèrent deux années de leur jeunesse, ou trois, pour assurer davantage encore leur liberté, quand la rage des fusils et des lances empennées roula, comme une inondation, sur les ruines de leurs frontières.

Pas plus que vous ils ne voulaient la guerre ! Mais, quand retentit le terrible appel aux armes et que vint le temps de régler la querelle,

They sprang to their guns, each man was game;
And mark if they fight not to the last
For their hearths, their altars, and their past :
Yea, fight till their veins have been bled dry
For love of the country that *will* not die.

O friends, in your fortunate present ease
(Yet faced by the self-same facts as these),
If you would see how a race can soar
That has no love, but no fear, of war,
How each can turn from his private rôle
That all may act as a perfect whole,
How men can live up to the place they claim
And a nation, jealous of its good name,
Be true to its proud inheritance,
Oh, look over here and learn from FRANCE!

ils s'élancèrent vers leurs canons, et chaque homme fut là, prêt, ardent. Observez, et vous verrez s'ils ne combattront pas jusqu'au bout pour leurs foyers, leurs autels et leur passé.

Oui, ils lutteront jusqu'à ce que tout le sang de leurs veines soit tari, pour l'amour de ce pays qui ne *veut pas* mourir !

O amis ! dans votre heureux bien-être présent (encore que menacés par des faits identiques à ceux-là) si vous voyiez comment peut s'exalter une race, qui n'a point l'amour, non plus que la crainte de la guerre, comment chacun peut abandonner son rôle personnel, pour que tous puissent agir en parfaite communion, comment des hommes peuvent s'élever jusqu'à la place qu'ils revendiquent, et une nation, jalouse de son bon renon, être fidèle à ses traditions de fierté, —

Oh ! regardez ici et que la France vous enseigne !

INTRODUCTION AND CONCLUSION OF
A LONG POEM

I HAVE gone sometimes by the gates of Death
And stood beside the cavern through whose doors
Enter the voyagers into the unseen.
From that dread threshold only, gazing back,
Have eyes in swift illumination seen
Life utterly revealed, and guessed therein
What things were vital and what things were vain.
Know then, like a vast ocean from my feet
Spreading away into the morning sky,
I saw unrolled my vanished days, and, lo,
Oblivion like a morning mist obscured
Toils, trials, ambitions, agitations, ease,
And like green isles, sun-kissed, with sweet perfume
Loading the airs blown back from that dim gulf,
Gleamed only through the all-involving haze
The hours when we have loved and been beloved.

Therefore, sweet friends, as often as by Love
You rise absorbed into the harmony
Of planets singing round magnetic suns,
Let not propriety nor prejudice
Nor the precepts of jealous age deny
What Sense so incontestably affirms;

INTRODUCTION ET CONCLUSION
D'UN LONG POÈME

Je me suis approché quelquefois des barrières de la Mort et je me suis tenu sur le seuil de la caverne que traversent les voyageurs pour entrer dans l'Inconnu. De ce seuil redouté, regardant en arrière, on peut voir, en une prompte illumination, la vie complètement révélée, et comprendre quelles choses furent essentielles et quelles autres furent vaines.

Sachez alors, que je vis se dérouler la longue suite de mes jours évanouis, comme un océan partant de mes pieds et s'étendant dans le ciel du matin. Et voilà que l'oubli, ainsi qu'une brume d'aurore, obscurcit labeurs, épreuves, ambitions, agitations, satisfactions ; et voilà que, comme des îles verdoyantes baisées de soleil, un doux parfum imprégnant l'air exhalé de ce sombre abîme, à travers ce brouillard qui enveloppe tout, rayonnaient seules les heures où nous avons aimé et où nous avons été aimés.

Voilà pourquoi, amis chers, aussi souvent que vous vous élevez par l'Amour, englobés dans l'harmonie des planètes chantant autour de soleils magnétiques, ne laissez ni l'idée de propriété, ni les préjugés, ni les préceptes de la vieillesse jalouse dénier ce que les sens affirment si incontestablement.

Cling to the blessed moment and drink deep
Of the sweet cup it tends, as there alone
Were that which makes life worth the pain to live.
What is so fair as lovers in their joy
That dies in sleep, their sleep that wakes in joy?
Caressing arms are their light pillows. They
That like lost stars have wandered hitherto
Lonesome and lightless through the universe,
Now glow transfired at Nature's flaming core;
They are the centre; constellated heaven
Is the embroidered panoply spread round
Their bridal, and the music of the spheres
Rocks them in hushed epithalamium

．．．．．．．．．．．．．．．．．．．

I know that there are those whose idle tongues
Blaspheme the beauty of the world that was
So wondrous and so worshipful to me.
I call them those that, in the palace where
Down perfumed halls the Sleeping Beauty lay,
Wandered without the secret or the key.
I know that there are those, of gentler heart,
Broken by grief or by deception bowed,
Who in some realm beyond the grave conceive
The bliss they found not here; but, as for me,

Attardez-vous au moment béni et buvez jusqu'au fond à la douce coupe qui vous est tendue, comme si en elle seulement se trouvait ce qui rend la vie digne de la peine qu'elle nous donne à vivre.

Qu'y a-t-il d'aussi beau que des amants dans leur joie qui s'anéantit dans le sommeil, sommeil qui fait place au réveil dans la joie ? Leurs bras caressants leur sont de doux oreillers.

Eux qui, ainsi que des astres éteints se sont égarés jusqu'ici, solitaires et obscurs à travers l'univers, rayonnent maintenant pleins de flamme au cœur de l'ardente Nature. Ils sont le centre ; le ciel constellé est la panoplie brodée déployée autour de leur union, et la musique des sphères éthérées les berce d'un épithalame silencieux......

Je sais qu'il en est ici-bas dont les langues désœuvrées blasphèment la beauté du monde qui fut pour moi si merveilleuse et si adorable.

Je les compare à ceux qui, dans les halls parfumés du palais où repose la Belle-au-Bois-Dormant, se promènent sans le secret ni la clef.

Je sais qu'il en est d'autres, au cœur plus noble, brisés par le malheur ou abattus par les déceptions, qui imaginent trouver dans quelque royaume d'outre-tombe la félicité bénie qu'ils ne rencontrèrent pas ici-

In the soft fibres of the tender flesh
I saw potentialities of Joy
Ten thousand lifetimes could not use. Dear Earth,
In this dark month when deep as morning dew
On thy maternal breast shall fall the blood
Of those that were thy loveliest and thy best,
If it be fate that mine shall mix with theirs,
Hear this my natural prayer, for, purified
By that Lethean agony and clad
In more resplendent powers, I ask nought else
Than reincarnate to retrace my path,
Be born again of woman, walk once more
Through Childhood's fragrant, flowery wonderland
And, entered in the golden realm of Youth,
Fare still a pilgrim toward the copious joys
I savored here yet scarce began to sip ;
Yea, with the comrades that I loved so well
Resume the banquet we had scarce begun
When in the street we heard the clarion-call
And each man sprang to arms — ay, even myselt
Who loved sweet Youth too truly not to share
Its pain no less than its delight. If prayers
Are to be prayed, lo, here is mine ! Be this
My resurrection, this my recompense !

bas. Mais pour moi, j'ai trouvé dans la douce chair des puissances de Joie que ne sauraient épuiser dix mille existences successives.

Terre chérie, en ce sombre mois quand le sang de ceux qui furent tes préférés, les meilleurs, pénétrera dans ton sein maternel aussi profondément que la rosée du matin, si le destin veut que le mien se mélange au leur, entends ceci qui est ma prière naïve, car, purifié par cette agonie léthéenne et revêtu d'une autorité plus resplendissante, je ne demande rien d'autre que d'être réincarné pour suivre à nouveau mon chemin : naître encore d'une femme, errer encore une fois, enfant, à travers le jardin embaumé du pays fleuri des merveilles, et entrer dans le royaume doré de l'adolescence pour toujours voyager en pèlerin à travers les joies complètes que j'ai savourées ici-bas, encore que je les aie à peine goûtées !

Oui, achever avec les camarades si chers le banquet que nous venions de commencer lorsque nous entendîmes dans les rues l'appel du clairon et que chaque homme courut aux armes — même moi, qui aimais trop profondément la douce Jeunesse pour ne point partager ses peines comme ses plaisirs !

Si les prières sont faites pour être dites, eh bien, voici la mienne : Que telle soit ma résurrection et telle ma récompense !

ODE IN MEMORY OF THE AMERICAN VOLUNTEERS FALLEN FOR FRANCE

(To have been read before the statue of Lafayette and
Washington in Paris, on Decoration Day, May 30, 1916.)

I

Ay, it is fitting on this holiday,
Commemorative of our soldier dead,
When — with sweet flowers of our New England May
Hiding the lichened stones by fifty years made gray —
Their graves in every town are garlanded,
That pious tribute should be given too
To our intrepid few
Obscurely fallen here beyond the seas.
Those to preserve their country's greatness died;
But by the death of these
Something that we can look upon with pride
Has been achieved, nor wholly unreplied
Can sneerers triumph in the charge they make
That from a war where Freedom was at stake
America withheld and, daunted, stood aside.

ODE A LA MÉMOIRE
DES VOLONTAIRES AMÉRICAINS
TOMBÉS POUR LA FRANCE

(Pour être lue devant les statues de La Fayette et de Washington
à Paris, au « Decoration Day », 30 mai 1916.)

I

Oui, en ce jour de fête, à la mémoire de nos soldats morts, quand nous recouvrons les pierres mous-
sues, qu'un demi-siècle a rendues grises, des douces
fleurs de mai de notre Nouvelle Angleterre, enguir-
landant les tombes dans chaque ville, il sied de payer
aussi ce pieux tribut à nos quelques intrépides, obscurément tombés ici, de l'autre côté des mers. Ceux-là
sont morts pour préserver la grandeur de leur Patrie;
mais par la mort de ceux-ci quelque chose que nous
pouvons envisager avec fierté a été accompli qui ne
nous laisse pas tout à fait sans réplique devant les
mauvais plaisants qui voudraient triompher en faisant
la charge d'une Amérique désintéressée d'une guerre
dont la Liberté est l'enjeu, et qui, intimidée, se tient
à part.

II

Be they remembered here with each reviving spring,
Not only that in May, when life is loveliest,
Around Neuville-Saint-Vaast and the disputed crest
Of Vimy, they, superb, unfaltering,
In that fine onslaught that no fire could halt,
Parted impetuous to their first assault ;
But that they brought fresh hearts and springlike too
To that high mission, and 'tis meet to strew
With twigs of lilac and spring's earliest rose
The cenotaph of those,
Who in the cause that history most endears
Fell in the sunny morn and flower of their young years.

III

Yet sought they neither recompense nor praise,
Nor to be mentioned in another breath
Than their blue coated comrades whose great days
It was their pride to share — ay, share even to the death !
Nay, rather, France, to you they rendered thanks
(Seeing they came for honor, not for gain),
Who, opening to them your glorious ranks,
Gave them that grand occasion to excel,
That chance to live the life most free from stain
And that rare privilege of dying well.

II

Qu'ils soient glorifiés ici à chaque printemps nouveau, non seulement parce qu'en mai, alors que la vie est la plus exquise, superbes, sans hésitation, ils partirent impétueux pour leur premier assaut, autour de Neuville-Saint-Vaast et de la crête disputée de Vimy, en cette belle attaque que nul feu ne put arrêter ; mais aussi parce qu'ils apportèrent à cette haute mission de jeunes cœurs pleins d'ardeur. Il est juste de joncher de branches de lilas et des premières roses du printemps le cénotaphe de ceux qui, pour défendre la plus chère des causes de l'histoire, tombèrent au matin lumineux, à la fleur de leurs jeunes années !

III

Pourtant ils ne cherchaient ni récompense ni gloire ; ils ne tenaient pas à être distingués de leurs camarades vêtus de bleu dont leur fierté fut de partager les grands jours, — de les partager même jusqu'à la mort !

Non, France, bien plutôt leur gratitude alla vers toi (car ils vinrent pour l'honneur et non par cupidité) toi qui, leur ouvrant les rangs glorieux de tes soldats, leur as donné cette occasion unique de se surpasser, la chance de vivre une vie pure de toute souillure, et le rare privilège de bien mourir.

IV

O friends ! I know not since that war began
From which no people nobly stands aloof
If in all moments we have given proof
Of virtues that were thought American.
I know not if in all things done and said
All has been well and good,
Or if each one of us can hold his head
As proudly as he should,
Or, from the pattern of those mighty dead
Whose shades our country venerates to-day,
If we've not somewhat fallen and somewhat gone astray.
But you to whom our land's good name is dear,
If there be any here
Who wonder if her manhood be decreased,
Relaxed its sinews and its blood less red
Than that at Shiloh and Antietam shed,
Be proud of these, have joy in this at least,
And cry : « Now heaven be praised
That in that hour that most imperilled her,
Menaced her liberty who foremost raised

IV

O amis, je ne sais si, depuis le début de cette guerre dont nul peuple ne peut noblement se désintéresser, nous avons à tous moments donné des preuves de vertus dignes d'Américains. Je ne sais si en toutes choses faites ou dites, tout fut bien et bon et si chacun de nous peut tenir la tête haute aussi fièrement qu'il le devrait, si nous n'avons pas quelque peu démérité de la race de ces tout-puissants morts dont notre Patrie révère aujourd'hui la mémoire !

Mais vous à qui le bon renom de notre sol est cher, si quelqu'un se trouve ici qui se demande si ses enfants n'ont pas démérité, si leurs muscles ne sont pas moins forts et leur sang moins rouge que celui qui coula à Shiloh et à Antiétam, qu'il soit fier de ces hommes-là, qu'il soit satisfait au moins en ceci et qu'il s'écrie : « Que le ciel soit loué maintenant puisqu'à l'heure la plus périlleuse pour la nation qui la première avait

Europe's bright flag of freedom, some there were
Who, not unmindful of the antique debt,
Came back the generous path of Lafayette ;
And when of a most formidable foe
She checked each onset, arduous to stem —
Foiled and frustrated them —
On those red fields where blow with furious blow
Was countered, whether the gigantic fray
Rolled by the Meuse or at the Bois Sabot,
Accents of ours were in the fierce mêlée ;
And on those furthest rims of hallowed ground
Where the forlorn, the gallant charge expires,
When the slain bugler has long ceased to sound,
And on the tangled wires
The last wild rally staggers, crumbles, stops,
Withered beneath the shrapnel's iron showers : —
Now heaven be thanked, we gave a few brave drops ;
Now heaven be thanked, a few brave drops were ours.»

arboré en Europe le glorieux étendard de la Liberté, à l'heure où cette Liberté fut le plus menacée, quelques braves se trouvèrent qui, n'oubliant pas la dette ancienne, reprirent le généreux chemin de La Fayette ! Et quand elle repoussa toutes les attaques d'un formidable ennemi, si dures à réprimer, déjoua ses plans, le dérouta sur ces champs rougis où chaque coup fut payé d'un coup — que la gigantesque lutte se déroula le long de la Meuse ou au bois Sabot — il y eut, dans la féroce mêlée, des accents nôtres !

Et sur les plus lointaines limites de cette terre sanctifiée où, avant-garde, la sublime charge expire, quand le clairon massacré a depuis longtemps cessé de sonner et que dans les fils de fer enchevêtrés la ruée dernière et sauvage chancelle, se brise, s'arrête, anéantie, frappée à mort par les averses d'acier des shrapnells : alors le ciel soit loué, nous avons donné quelques gouttes héroïques ; le ciel soit loué, quelques-unes des gouttes héroïques furent nôtres ! »

V

There, holding still, in frozen steadfastness,
Their bayonets toward the beckoning frontiers,
They lie — our comrades — lie among their peers,
Clad in the glory of fallen warriors,
Grim clusters under thorny trellises,
Dry, furthest foam upon disastrous shores,
Leaves that made last year beautiful, still strewn
Even as they fell, unchanged, beneath the changing moon;
And earth in her divine indifference
Rolls on, and many paltry things and mean
Prate to be heard and caper to be seen.
But they are silent, calm ; their eloquence
Is that incomparable attitude ;
No human presences their witness are,
But summer clouds and sunset crimson-hued,
And showers and night winds and the northern star.
Nay, even our salutations seem profane,
Opposed to their Elysian quietude ;
Our salutations calling from afar,
From our ignobler plane
And undistinction of our lesser parts :
Hail, brothers, and farewell ; you are twice blest,
    brave hearts.
Double your glory is who perished thus,
For you have died for France and vindicated us.

V

Là, se tenant toujours dans une immobilité glacée, leurs baïonnettes tournées vers les frontières qui les réclamaient, impérieuses, ils reposent, nos camarades, couchés parmi leurs pairs, drapés dans la gloire des guerriers tombés, groupes farouches sous des treillages de ronces, sèche écume lointaine sur des rivages désolés, comme les feuilles qui furent la parure de l'an passé, éparpillées au hasard de leur chute, immuables sous la lune changeante.

Et la terre, dans sa divine indifférence, continue de tourner et de nombreuses choses mesquines et méprisables sont caquetées pour être entendues et exhibées pour être bien vues.

Mais eux demeurent silencieux, calmes : leur éloquence est dans leur incomparable attitude.

Ils n'ont pour témoin rien de vivant ; mais seulement les nuages d'été et les couchants de pourpre, les ondées, le vent nocturne et l'étoile du nord.

Non ! Même nos acclamations semblent profanes opposées à leur élyséenne quiétude ; parce que nos hommages viennent de trop loin, de notre vil niveau et de la petitesse où nous tiennent nos rôles inférieurs.

Salut, frères, et adieu ; soyez deux fois bénis, cœurs braves ; double est votre gloire, à vous qui êtes ainsi tombés, parce que vous êtes morts pour la France et pour notre justification !

CHAMPAGNE   1914-15

Cette traduction est due au poète André Rivoire.

Vous qui rirez demain, dans les fêtes heureuses,
A ce vin pétillant, qui fait le teint vermeil
Et d'un flot si doré remplit les coupes creuses
Qu'on a l'illusion de boire du soleil,

Buvez quelquefois, vous, les promeneurs paisibles
Dont le pas lent s'attarde aux chemins sans danger,
A ceux qui, tombés là, sous des coups invisibles,
Vous ont gardé la terre où l'on peut vendanger.

Dans l'ombre ensevelis, un tertre les rappelle...
D'un peu de cendre obscure et froide recouverts,
Ils dorment au coteau sanglant de La Pompelle,
Au milieu des débris et des trous grands ouverts.

Partout aux champs crayeux, cachés d'herbe fleurie,
Ils dorment, à l'entour de la vieille cité
Dressant sa cathédrale insultée et meurtrie
Par les profanateurs jaloux de la Beauté.

Sous les petites croix qui gardent ceux qui meurent,
Ils dorment... Le canon gronde et tonne là-bas...
Ils dorment... Et, la nuit, maintenant, ils demeurent
Indifférents au bruit incessant des combats.

Tous, par milliers, d'un cœur volontaire et tenace,
Sont tombés bravement, pour que ceux qui viendront,
Libres de toute honte et de toute menace,
Puissent vivre leur vie et porter haut leur front.

Flotte au vent le drapeau !... Le reste est périssable...
Pour que ses trois couleurs puissent se déployer,
Ils ont fait de leur sang un fleuve infranchissable,
De leur poitrine offerte un vivant bouclier !...

Ils le savent : chacun la place où son corps tombe !...
C'est tout... Pas même un nom sur le héros qui dort...
Mais les coquelicots rougiront sur sa tombe,
L'automne y suspendra ses lourdes grappes d'or.

Et les gais vendangeurs, la cueillette venue,
Légers sous le fardeau de leurs hottes d'osier,
Salueront, dans le soir, sa mémoire inconnue
D'un de ces vieux refrains qu'on chante à plein gosier !...

Si je pouvais penser, ah ! si je pouvais croire
Qu'un jour j'aurai ma part de leurs nobles destins,
Que mon sang, près du leur, coulera... Quelle gloire !...
Comme eux, après ma mort, j'aurai place aux festins...

A l'heure où l'on sourit de boire à ce qu'on aime,
Où les yeux sont si clairs qu'ils se sentent briller,
Peut-être un peu de mousse éclose de moi-même,
Viendra joyeusement aux lèvres pétiller.

Qui donc s'attristerait, même quand la mort brise
Le rêve le plus tendre et l'espoir le plus cher,
S'il songe qu'une rose, un parfum dans la brise
Naîtront de ce qui fut, en passant, notre chair ?...

Cette ardeur de Beauté qui reste inassouvie,
La tombe la respecte et la Mort nous permet
Le recommencement d'une nouvelle vie
Qui nous métamorphose en tout ce qu'on aimait...

Qu'ils sont nombreux pourtant, qu'ils ont coûté de larmes,
Tous ces jeunes héros si fièrement tombés !
Leur jeunesse, en sa fleur, les couronnait de charmes,
Et c'est à notre amour qu'ils furent dérobés...

Mais qu'importe les pleurs, les palmes et les gerbes !...
Vous les connaissez mieux, vous, leurs frères lointains,
Compagnons de ces jours atroces et superbes,
Suprêmes confidents de tous ces yeux éteints !...

Plutôt que les honneurs de la foule empressée,
Ce qu'ils réclament, c'est, aux soirs insoucieux,
Dans le bruit des repas de fête, une pensée
Et l'hommage attendri d'un toast silencieux...

Buvez !... Dans le vin d'or où pàsse un reflet rose
Laissez plus longuement vos lèvres se poser
En pensant qu'ils sont morts où la grappe est éclose,
Et ce sera pour eux comme un pieux baiser.

TABLE DES MATIÈRES

II

8 DÉCEMBRE 1914

III

14 DÉCEMBRE 1914. — JANVIER 1915

IV

5 FÉVRIER 1915

V

17 FÉVRIER. — 24 MARS 1915

VI

15 AVRIL. — 28 AVRIL 1915

VII

10 MAI. — 15 JUIN 1915

VIII

18 JUIN. — 8 AOUT 1915

IX

10 AOUT. — 24 SEPTEMBRE 1915

X

4 OCTOBRE 1915. — 13 AVRIL 1916

XI

12 MAI. — 28 JUIN 1916

TROISIÈME PARTIE

MAYENNE, IMPRIMERIE CHARLES COLIN